CW00670972

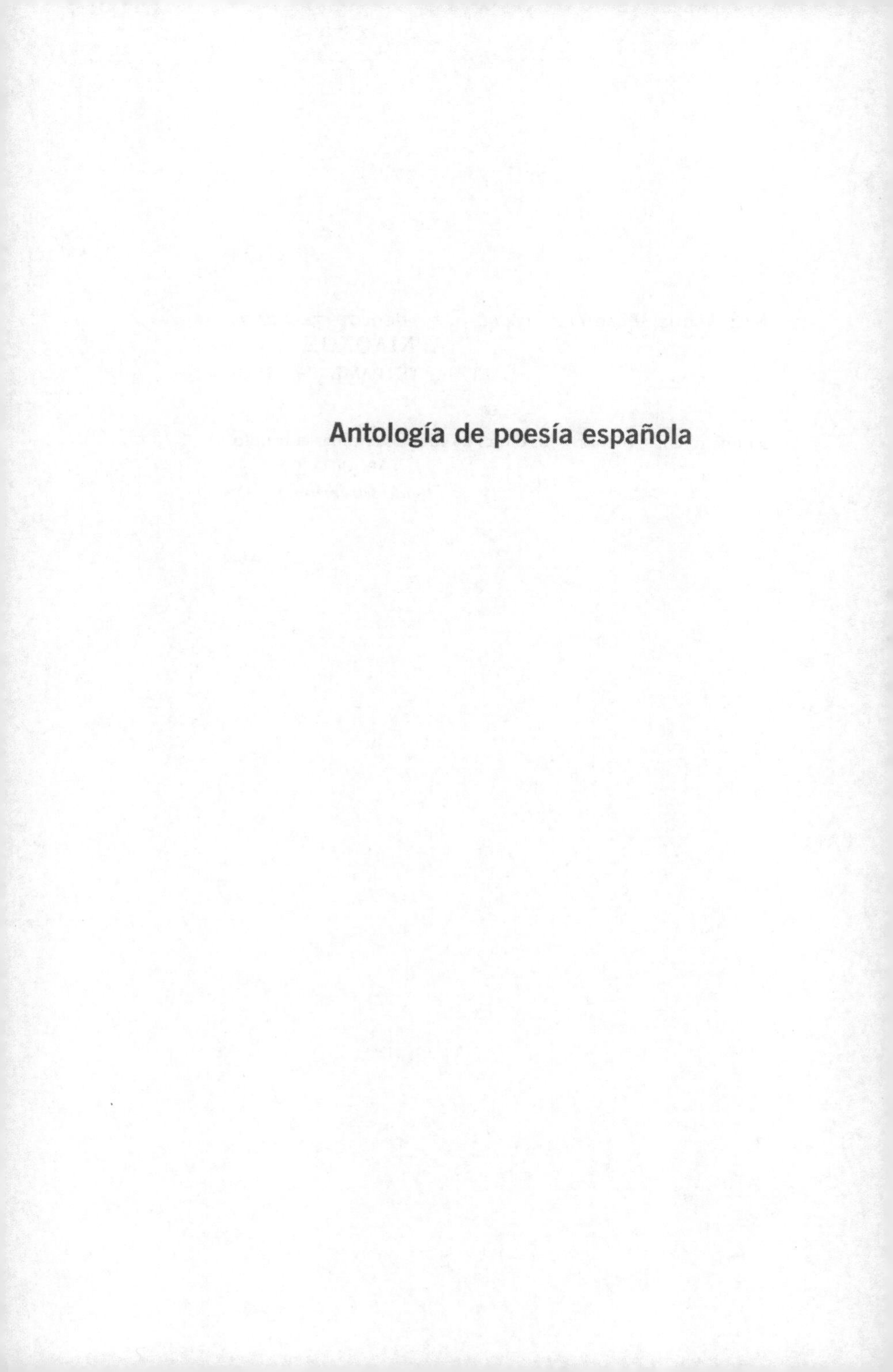

Antología de poesía española

Καὶ νέους θάρσυνε· νίκης δ' ἐν θεοῖσι πείρατα.

ΑΡΧΙΛΟΧΟΣ

ΕΛΕΓΕΙΑ, ΤΕΤΡΑΜΕΤΡΑ (57 D)

Anima tú a los jóvenes: a los dioses les toca determinar el triunfo.

ARQUÍLOCO

Elegías, tetrámetros (57 D)

CÁTEDRA BASE

Antología de poesía española

Varios autores

Edición de José Mas

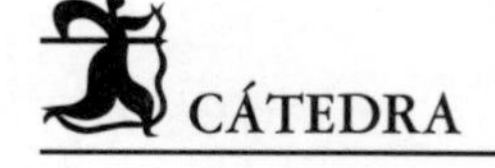

Colección dirigida por José Mas y M.ª Teresa Mateu

1ª edición: enero de 2010
2ª edición: septiembre de 2010

Diseño y cubierta: M. A. Pacheco y J. Serrano
Ilustración de cubierta: Rafael, Fresco para la Stanza della Segnatura. Detalle del techo que representa a la Poesía con la leyenda «numine afflatur» («soplo divino»)

Juan Ignacio Luca de Tena, 15. 28027 Madrid

ISBN: 978-84-376-2638-3
Depósito legal: Na. 2.468-2010
Composición: Grupo Anaya
Impreso en Rodesa S. A.
(Rotativas de Estella, S. A.)
31200 Estella (Navarra)
Impreso en España - Printed in Spain

ÍNDICE

PRÓLOGO

No son buenos estos tiempos para la poesía ni, en general, para la meditación ni para cualquier actividad que exija algún esfuerzo. Y, paradójicamente, no se escatiman sacrificios en aras de una competitividad brutal, siempre que ésta pueda conducirnos al éxito. Dicho de otro modo: parece que todos, al menos en nuestra juventud, pudiéramos ser astros del deporte o estrellas televisivas o cinematográficas.

Sin embargo, ¿para qué esforzarse en leer poesía? ¿Qué beneficio podemos obtener de la lectura poética? La cara y la cruz de la poesía es precisamente eso: que no vamos a obtener ningún reconocimiento mercantil; pero, en cambio, podemos obtener un disfrute que nos compensará suficientemente, siempre que acertemos a encontrar la llave que nos abra la casa de la emoción. Porque a lo largo de los tiempos varían las condiciones de vida, pero siempre serán idénticas las emociones que nos exaltan o nos deprimen, el amor que nos da la libertad o la cárcel, la muerte temida o deseada. En definitiva: lo que constituye la verdadera esencia del ser humano.

Un freno y un estímulo: la palabra

En efecto, la palabra, envase del sentimiento, puede ser difícil; pero si el educador está convencido de que su labor transmisora sirve de algo, ya encontrará la herramienta que necesita para seducir y atraer a sus alumnos. Una forma de recuperar el prestigio perdido de la palabra es hacerla resonar con fuerza asociada a la música.

Y no hace falta que un cantautor famoso ponga melodía y ritmo a un poema para que éste pueda ser captado y valorado por los lectores o los oyentes. Hay que acostumbrarse a leer en voz alta algún poema para que nos demos cuenta de que hay muchas poesías que pueden emocionarnos, aunque no entendamos del todo su significado. Modelos de declamación podemos encontrarlos en los numerosos vídeos o audios que pueblan internet. Son fácilmente localizables poemas leídos por sus propios autores: Vicente Aleixandre, Dámaso Alonso, Juan Ramón Jiménez, Ángel González, por ejemplo. Y, en cuanto a los poemas clásicos o medievales, hay algunas grabaciones también interesantes. Puede ser un estímulo la búsqueda de grabaciones poéticas.

Si desligamos las lecturas de su carga negativa de imposición, podremos empaparnos mejor del goce que conlleva, en menor o en mayor medida, cualquier poema. Seamos, pues, esponjas musicales y sentimentales. Esto es lo que sucedía en el Siglo de Oro, por ejemplo, donde, a pesar del analfabetismo imperante (un 80% de la población no sabía leer), la gente acudía a los recitales o certámenes poéticos y vibraba al escuchar declamar los versos que acababan de ser compuestos. Tal vez sea herencia de aquel siglo la costumbre practicada en Hispanoamérica de llenar teatros o estadios de fútbol para aclamar a algún poeta preferido. Ni más ni menos que lo que ocurre entre nosotros con los conciertos de música.

ESTA ANTOLOGÍA

No hay ni puede haber una antología perfecta. Y no puede haberla porque los criterios de la selección, además de ser subjetivos y, por lo tanto, susceptibles de enjuiciamiento, no pueden ignorar determinados poemas que han sido seleccionados ya por diversos antólogos. Lo que significa que cualquier antología es deudora, en aciertos y errores, de otras precedentes.

Esta antología nace, pues, con las limitaciones de cualquiera de ellas y, además, tiene que seguir el trazado impuesto por unas líneas de lectura que vienen predeterminadas por los planes de estudio. Mi aportación principal estriba en hacer atractivos y accesibles —sin renunciar, por supuesto, a la hondura interpretativa— un puñado de textos suficientemente significativos de la poesía española, desde la Edad Media hasta finales del siglo XX.

Los poemas medievales van acompañados de una versión en prosa, que actualiza lo que se ha convertido para la mayor parte de lectores en una reliquia o en una ruina. Esta versión aclaradora tiene una intención primordial: suprimir el número de notas léxicas que agobiarían al lector medio o principiante. Siempre he tratado de no banalizar el texto ni traicionarlo; eso sí, he cambiado alguna palabra que chirriaba en los oídos modernos. Y desde luego mi prosificación ha intentado conservar el ritmo del original.

Los textos restantes van precedidos de breves, pero sustanciosas introducciones. Hay que señalar también que las introducciones son dobles: unas líneas que retratan la figura del autor propuesto, y otras que presentan —o al menos eso se proponen— el poema elegido en el marco ceñido de una interpretación clara y suficiente.

A veces la extensión del poema obliga a ofrecer fragmentos significativos. En estos casos se comenta lo visible y se rellenan las ausencias con los datos imprescindibles que hacen del texto una entidad elocuente. También puede hablar el silencio.

Y eso es lo que me dispongo a hacer seguidamente: hago mutis por el foro.

La antología está servida. Empecemos, con calma y buena disposición de ánimo, a paladearla.

Las jarchas (siglos XII-XIII)

Según Dámaso Alonso, las jarchas son el descubrimiento literario más importante del siglo XX. Las jarchas son cancioncillas escritas en mozárabe, lengua usada por los cristianos que vivían en territorios dominados por moros. La lengua mozárabe se contamina de frecuentes arabismos.

Estas canciones están puestas en boca de una chica, que expresa su deseo de que el amado esté con ella. La joven puede dirigirse a su madre, a sus hermanas, a su amigo (amado) o a su propio corazón. Y a pesar de los siglos transcurridos la emoción auténtica del amor insatisfecho no nos dejará indiferentes.

[1]

Vayse meu corazón de mib,
ya Rab, ¿si se me tornarád?
¡Tan mal mi doled li-l-habid!
Enfermo yed, ¿cuándo sanarád?

[2]

Garid vos, ay yermanelas,
¿com' contener é meu mali?
Sin el habib non vivreyu
ed volarei demandari.

[3]

¿Qué faré, mamma?
Meu-l-habib est' ad yana.

[4]

Si me quereses,
ya uomne bono,
si me quereses,
darasme uno.

Mi corazón se me va de mí.
Oh Dios, ¿acaso se me tornará?
¡Tan mal me duele por el amado!
Enfermo está, ¿cuándo sanará?

Decidme, ay hermanitas,
¿cómo contener mi mal?
Sin el amado no viviré:
¿adónde iré a buscarlo?

¿Qué haré, madre?
Mi amigo está a la puerta.

Si me quisieses,
oh hombre bueno,
si me quisieses,
me darías uno.

Lírica tradicional castellana

Durante toda la Edad Media se difunden, de forma anónima, unas composiciones breves y sencillas de hondo contenido sentimental. Estos poemitas, que se transmitían de boca en boca, fueron fijados por escrito en cancioneros del Siglo de Oro, porque el papel suele durar más que la memoria.

[5]

Una escueta y misteriosa noticia de muerte

En Ávila, mis ojos[1],
dentro en Ávila.
En Ávila del río,
mataron a mi amigo.
Dentro en Ávila.

[6]

Miraba la mar la malcasada

La protagonista tiene el corazón destrozado, porque el marido le ha fallado estrepitosamente. Su obsesión se refleja en el símbolo de la mar, ancha y larga. Lo verdaderamente nuevo y original en el poema es que la mal casada al contemplar la mar no lo hace con mirada amarga, sino serena. Hay que tener en cuenta que, a veces, la serenidad es más amarga que el llanto o el grito, puesto que expresa la desesperación sin salida.

Miraba la mar
la mal casada,
que miraba la mar
cómo es ancha y larga.

[1] *mis ojos:* mi amado.

Descuidos ajenos 5
y propios gemidos
tienen sus sentidos
de pesares llenos.
Con ojos serenos
la mal casada, 10
que miraba la mar
cómo es ancha y larga.
Muy ancho es el mar
que miran sus ojos,
aunque a sus enojos 15
bien puede igualar.
Mas por se alegrar
la mal casada,
que miraba la mar
cómo es ancha y larga. 20

[7]

Al alba venid, buen amigo

Es frecuente en las canciones tradicionales o populares que el alba sea la hora en la que se encuentran los amantes o, precisamente, todo lo contrario: cuando tienen que despedirse. Aquí la amada cita al amado usando la técnica del paralelismo, tan frecuente en este tipo de composiciones.

Al alba venid, buen amigo,
al alba venid.

Amigo el que yo más quería,
venid al alba del día.

Amigo el que yo más amaba, 5
venid a la luz del alba.

Venid a la luz del día,
non traigáis compañía.

Venid a la luz del alba,
non traigáis gran compaña. 10

[8]

Aprended flores de mí

La siguiente cancioncilla habla de la brevedad de la vida humana tomando como ejemplo la vida de las flores. Inspirándose en este poemita hizo Góngora una célebre letrilla.

Aprended, flores, en mí
lo que va de ayer a hoy,
que ayer maravilla fui,
y sombra mía aun no soy.

[9]

Dentro en el vergel moriré

El poema habla de una muerte por amor, pero sin dar ningún detalle, porque lo que importa destacar es el sentimiento, no la anécdota.

Dentro en el vergel
moriré.
Dentro en el rosal
matarme han.
Yo m'iba, mi madre, 5
las rosas coger;
hallé mis amores
dentro en el vergel.
Dentro en el rosal
matarme han. 10

Cantar de Mio Cid

Es el primer poema épico conocido de la literatura castellana. Entre los años 1140-1150 debió quedar fijado el poema, que recitaban los juglares en las plazas de pueblos y ciudades. La extensión del poema (3.737 versos) hace suponer que su recitación debería repartirse en tres días de espectáculo: a mil versos y pico cada jornada. Hubo un momento en el que alguien sintió la necesidad de dejar por escrito el poema para que no quedara en el olvido. La versión que conocemos data del año 1207 y se debe a Per Abbat, un copista que, de este modo, se colaría en la inmortalidad. El *Cantar* sigue de cerca las hazañas de un personaje histórico, aunque inventando determinados detalles, como la Afrenta de Corpes, por ejemplo.

[10]

Cantar de Mio Cid

La despedida de Vivar

Rodrigo Díaz de Vivar, el Cid Campeador, es desterrado injustamente por el rey Alfonso VI. En compañía de sus doce guerreros fieles tiene que abandonar su Castilla natal. Pero aunque marcha al destierro, triste y lloroso, confía en poder regresar a su tierra lleno de honores y de gloria.

De los sos ojos   tan fuerte mientre lorando,
tornava la cabeça   i estava los catando.
Vio puertas abiertas   e uços sin cañados,
alcandaras vazias   sin pielles e sin mantos
e sin falcones   e sin adtores mudados.   5
Sospiro mio Çid,   ca mucho avie grandes cuidados.
Fablo mio Çid   bien e tan mesurado:
«¡Grado a ti, señor,   padre que estas en alto!
¡Esto me an buelto   mios enemigos malos!».

Alli pienssan de aguijar,   alli sueltan las riendas.   10
A la exida de Bivar   ovieron la corneja diestra,
y entrando a Burgos   ovieron la siniestra.
Meçio mio Çid los ombros   y engrameo la tiesta:
«¡Albriçia, Albar Fañez,   ca echados somos de tierra!   15
Mas a grand ondra   tornaremos a Castiella».

Con los ojos anegados de lágrimas, lloró mientras volvía la cabeza para contemplarlos por última vez. Vio las puertas abiertas y los cerrojos sin candados, las perchas sin pieles ni mantos, y sin los halcones y los azores[1] que mudaban la pluma y que solían posarse en ellas. El Cid suspiró, lleno de dolor, y dijo, con su prudencia habitual:

—¡Demos gracias al Señor, al Padre que está en las alturas! ¡De esto sólo tienen la culpa mis malvados enemigos!

Hincaron las espuelas[2], soltaron las riendas. A la salida de Vivar, una corneja[3] voló a la derecha del camino, y cuando entraron en Burgos, la vieron a la izquierda. Mio Cid se encogió de hombros, y sacudió la cabeza:

—¡Alegraos, Álvar Fáñez, nos echan de nuestra tierra! Pero regresaremos a Castilla con la honra recuperada.

---

[1] *azor:* ave de caza.

[2] *espuela:* espiga de metal puesta en el talón del calzado para picar al caballo.

[3] *corneja:* el vuelo de esta ave indica aquí buena suerte.

La batalla de Alcocer

En esta batalla, Rodrigo y los suyos hacen una verdadera carnicería entre sus enemigos. A cada golpe de lanza del Cid y sus fieles cae muerto un moro. La escena de la batalla está descrita con mucho movimiento e incluso colorido: así vemos cómo las lanzas suben y bajan agujereando las armaduras de los moros, y el blanco de las banderas se tiñe con el rojo de la sangre.

Enbraçan los escudos delant los coraçones, 715
abaxan las lanças abue[l]tas de los pendones,
enclinaron las caras de suso de los arzones,
ivan los ferir de fuertes coraçones.
A grandes vozes lama el que en buen hora nasco:
«¡Ferid los, cavalleros, por amor de caridad! 720
Yo so Ruy Diaz el Çid Campeador de Bivar!»
Todos fieren en el az do esta Pero Vermuez;
trezientas lanças son, todos tienen pendones;
seños moros mataron, todos de seños colpes;
a la tornada que fazen otros tantos son. 725

Veriedes tantas lanças premer e alçar,
tanta adagara foradar e passar,
tanta loriga falssa[r e] desmanchar,
tantos pendones blancos salir vermejos en sangre,
tantos buenos cavallos sin sos dueños andar. 730
Los moros llaman «¡Mafomat!» e los christianos «¡Santi
[Yague!».
Cayen en un poco de logar moros muertos mill e
[trezientos ya.

Emplazaron los escudos ante los corazones, enristraron las lanzas, envolvieron los pendones[4] y se inclinaron sobre los arzones[5], con la intención de herirlos. El que en buena hora nació llamó a grandes voces:

—¡Heridlos, caballeros, por el amor a la caridad! ¡Yo soy Ruy Díaz de Vivar, el Cid Campeador!

Todos se abalanzaron sobre la fila en la que se encontraba Pedro Bermúdez. Eran trescientas lanzas, todas con sus pendones, y mataron sendos moros, uno por cada golpe. Volvieron a cargar y mataron a otros tantos.

Allí veríais tantas lanzas subir y bajar, tantas adargas[6] pasar y agujerear, tanta loriga[7] rota y sin mallas, tantos pendones blancos enrojecerse de sangre, tantos hermosos caballos que andaban sin jinete. Los moros gritaban «¡Mahoma!» y los cristianos «¡Santiago!». En muy poco tiempo mataron a mil trescientos moros.

[4] *pendón:* bandera.

[5] *arzón:* parte delantera o trasera de la silla de montar.

[6] *adarga:* escudo de cuero.

[7] *loriga:* parte de la armadura hecha de laminillas de acero.

¡Qual lidia bien sobre exorado arzon
mio Çid Ruy Diaz el buen lidiador!
Minaya Albar Fañez, que Çorita mando, 735
Martin Antolinez, el burgales de pro,
Muño Gustioz, que so criado fo,
Martin Muñoz, el que mando a Mont Mayor,
Albar Albarez e Albar Salvadorez,
Galin Garçia, el bueno de Aragon, 740
Felez Muñoz so sobrino del Campeador:
desi adelante, quantos que i son
acorren la seña e a mio Çid el Campeador.

A Minaya Albar Fañez mataron le el cavallo,
bien lo acorren mesnadas de christianos; 745
la lança a quebrada, al espada metio mano,
mager de pie buenos colpes va dando.
Violo mio Çid Ruy Diaz el Castelano,
acostos a un aguazil que tenie buen cavallo,
diol tal espadada con el so diestro braço, 750
cortol por la çintura, el medio echo en campo.
A Minaya Albar Fañez ival dar el cavallo:
«Cavalgad, Minaya, vos sodes el mio diestro braço!
Oy en este día de vos abre grand bando;
firme[s] son los moros, aun nos van del campo». 755
Cavalgo Minaya el espada en la mano,
por estas fuerças fuerte mientre lidiando;
a los que alcança valos delibrando.
Mio Çid Ruy Diaz, el que en buen ora nasco,
al rey Fariz tres colpes le avie dado, 760
los dos le fallen, y el unol ha tomado,

¡Qué bien lidió sobre su arcén dorado mio Cid Ruy Díaz, el gran guerrero! ¡Qué bien lo hizo Minaya Álvar Fáñez, que estuvo al mando en Zurita! ¡Y Martín Antolínez, el burgalés de pro, y Muño Gustioz, que era su criado, y Martín Muñoz, que estuvo al mando en Monte Mayor, y Álvaro Alvar, y Álvaro Salvadores, y Félix Muñoz, el sobrino del Cid! Todos los que son acuden a proteger la enseña y al Cid Campeador.

A Minaya Álvar Fáñez le mataron el caballo, y corrieron a socorrerle la mesnada[8] de los cristianos. Le rompieron la lanza, y tiró de la espada, e incluso a pie asestaba buenos mandobles. Mio Cid Ruy Díaz el castellano lo vio, y acercándose a un jefe moro que tenía un magnífico caballo le dio tal tajo con el brazo derecho que lo partió en dos por la cintura. Se acercó a Minaya Álvar Fáñez para darle el caballo:

—Montad, Minaya. Sois mi mano derecha. En este día os necesito. Los moros aún aguantan.

Minaya montó sin soltar la espada de la mano, y continuó luchando con fiereza en el campo enemigo. A los que alcanzaba, los destrozaba. Mio Cid Ruy Díaz, el que nació en buena hora, le propinó tres tajos al emir Fáriz: en dos falló, y el tercero acertó;

[8] *mesnada:* grupo de guerreros.

por la loriga ayuso la sangre destellando;
bolvio la rienda por ir se le del campo.
Por aquel colpe rancado es el fonssado.

Martin Antolinez un colpe dio a Galve, 765
las carbonclas del yelmo echo gelas aparte,
cortol el yelmo que lego a la carne;
sabet, el otro non gel oso esperar.
Arrancado es el rey Fariz e Galve:
¡Tan buen dia por la christiandad 770
ca fuyen los moros de la [e de la] part!
Los de mio Çid firiendo en alcaz,
el rey Fariz en Terrer se fue entrar,
e a Galve nol cogieron alla;
para Calatayu[t]h quanto puede se va. 775
El Campeador ival en alcaz,
fata Calatayu[t]h duro el segudar.

de la loriga abajo brota sangre. Volvió grupas, en un intento de salir de la batalla, y aquel golpe derrotó al ejército.

Martín Antolínez asestó tal golpe a Galve que le arrancó los rubíes del yelmo[9], y además del yelmo, le cortó la carne. ¿Sabéis?, el otro no esperó un segundo golpe. Derrotados fueron los emires Fariz y Galve. ¡Un gran día para la Cristiandad, porque huyen moros por todas partes!

Los del Cid los atacaron según les daban alcance. El emir Fariz se refugió en Terrer, pero a Galve no lo quisieron acoger, con lo que salió para Calatayud a toda prisa. El Campeador lo siguió de cerca hasta Calatayud.

[9] *yelmo:* parte de la armadura que protege la cabeza y el rostro.

La Afrenta de Corpes

Los infantes de Carrión, esposos de las hijas del Cid, eran cobardes y traidores. Cuando se escapó de la jaula el león se asustaron tanto que no sabían dónde esconderse; por lo cual todos se burlaban de ellos. Y para vengarse de la humillación padecida se llevaron a sus esposas a un bosque espeso donde, tras maltratarlas cruelmente, las abandonaron casi desnudas y medio muertas. Contrastan fuertemente la dignidad, la inocencia y el desamparo de doña Elvira y doña Sol, con la crueldad y la falta de compasión de los infantes.

Ya movieron del Anssarera los ifantes de Carrion;
acojen se a andar de dia e de noch, 2690
a ssiniestro dexan Ati[en]za una peña muy fuert,
la sierra de Miedes passaron la estoz,
por los Montes Claros aguijan a espolon,
a ssiniestro dexan a Griza que Alamos poblo
—alli son caños do a Elpha ençerro— 2695
a diestro dexan a Sant Estevan, mas cae aluen;
entrados son los ifantes al robredo de Corpes,
los montes son altos, las ramas pujan con las nues,
e las bestias fieras que andan aderredor.
Falaron un vergel con una linpia fuent, 2700
mandan fincar la tienda ifantes de Carrion;
con quantos que ellos traen i yazen essa noch.
Con sus mugieres en braços demuestran les amor:
¡mal gelo cunplieron quando salie el sol!
Mandaron cargar las azemilas con grandes averes; 2705
cogida han la tienda do albergaron de noch,

Los infantes de Carrión abandonaron el Ansarera y cabalgaron de día y de noche. A la izquierda dejaron la fuerte peña de Atienza, luego la sierra de Miedes y apretaron el caballo por los Montes Claros. A la izquierda dejaron Griza, la que Álamos habitó. Allí estaba la cueva donde encerró a Elfa.

Entraron en el robledal de Corpes. Las montañas eran muy altas, y las ramas ascendían hasta las nubes, y donde había muchos animales feroces. Allí encontraron un claro, y una fuente limpia, y mandaron asentar la tienda para ellos y los que los acompañaban. Los infantes tomaron a sus mujeres en sus brazos, y se acostaron con ellas. ¡Qué mal iban a demostrarles su amor a la mañana siguiente!

Mandaron cargar las acémilas[10] con bienes muy pesados y que recogieran la tienda en la que habían pasado la noche.

[10] *acémila:* mula.

adelant eran idos   los de criazon.
Assi lo mandaron   los ifantes de Carrion
que non i fincas ninguno,   mugier nin varon,
si non amas sus mugieres   doña Elvira e doña Sol;   2710
deportar se quieren con ellas   a todo su sabor.
Todos eran idos,   ellos cuatro solos son.
Tanto mal comidieron   los ifantes de Carrion:
«Bien lo creades   don Elvira e doña Sol:
aqui seredes escarnidas   en estos fieros montes;   2715
oy nos partiremos   e dexadas seredes de nos,
non abredes part   en tierras de Carrion.
Hiran aquestos mandados   al Çid Campeador;
¡nos vengaremos aquesta   por la del leon!».
Alli les tuellen   los mantos e los pelliçones,   2720
paran las en cuerpos   y en camisas y en çiclatones.
Espuelas tienen calçadas   los malos traidores,
en mano prenden las çinchas   fuertes e duradores.
Quando esto vieron las dueñas   fablava doña Sol:
«¡Por Dios vos rogamos   don Diego e don Ferando!   2725
Dos espadas tenedes   fuertes e tajadores
—al una dizen Colada   e al otra Tizon—
¡cortandos las cabeças,   martires seremos nos!
Moros e christianos   departiran desta razon,
que por lo que nos mereçemos   no lo prendemos nos;   2730
¡atan malos enssienplos   non fagades sobre nos!
Si nos fueremos majadas   abiltaredes a vos,
retraer vos lo an   en vistas o en cortes».
Lo que ruegan las dueñas   non les ha ningun pro.
Essora les conpieçan a dar   los ifantes de Carrion,   2735
con las çinchas corredizas   majan las tan sin sabor,
con las espuelas agudas   don ellas an mal sabor

Sus criados y parientes fueron por delante de ellos, porque les ordenaron que los dejaran solos. Ni hombre, ni mujer, sólo ellos y sus mujeres, doña Elvira y doña Sol, con las que quieren portarse como les venga en gana. Se fueron todos, y se quedaron los cuatro solos. Y entonces, los infantes de Carrión les revelaron sus perversos proyectos.

—Creedlo, doña Elvira y doña Sol. Vamos a torturaros en estos oscuros montes. Hoy mismo nos marcharemos, y os dejaremos aquí, abandonadas. De las tierras de Carrión no vais a tener ni una migaja. Y cuando el Cid lo sepa, pagará las burlas que recibimos por el león.

Les quitaron los mantos y las pieles, y las dejaron casi desnudas, con la camisa y el brial[11]. Los muy traidores llevaban calzadas las espuelas, y echaron manos de las cinchas[12] y riendas, tan fuertes y resistentes. Cuando las damas vieron esto, doña Sol les dijo:

—¡Por Dios, don Diego, don Fernando! ¡Os lo suplicamos! Tenéis dos buenas espadas, muy afiladas. A esta la llaman *Colada,* a aquella, *Tizona.* ¡Cortadnos la cabeza! ¡Seremos mártires! Moros y cristianos dirán que no hemos hecho nada para merecérnoslo, pero no seáis tan crueles con nosotras. No nos hagáis daño, que eso sólo os deshonrará, y os lo harán pagar en vistas[13], o en las cortes.

De nada sirvió que les rogaran. Los infantes de Carrión comenzaron a golpearlas. Las golpearon sin compasión con las cinchas corredizas, y les clavaron las espuelas donde más les doliera.

---

[11] *brial:* vestido femenino de seda o de tela rica.
[12] *cincha:* faja de cuero, lana, etc., con hebillas para sujetar la silla al caballo.
[13] *vista:* juicio.

ronpien las camisas e las carnes   a ellas amas a dos;
linpia salie la sangre   sobre los çiclatones.
Ya lo sienten ellas   en los sos coraçones.   2740
¡Qual ventura serie esta   si ploguiesse al Criador
que assomasse essora   el Çid Campeador!
Tanto las majaron   que sin cosimente son,
sangrientas en las camisas   e todos los çiclatones.
Canssados son de ferir   ellos amos a dos   2745
ensayando amos   qual dara mejores colpes.
Hya non pueden fablar   don Elvira e doña Sol,
por muertas las dexaron   en el robredo de Corpes.

Levaron les los mantos   e las pieles armiñas
mas dexan las maridas   en briales y en camisas   2750
e a las aves del monte   e a las bestias de la fiera guisa.
Por muertas la[s] dexaron   sabed, que non por bivas.

¡Qual ventura serie   si assomas essora el Çid Campeador!
Los ifantes de Carrion   en el robredo de Corpes
por muertas las dexaron,   2755
que el una al otra   nol torna recabdo.
Por los montes do ivan   ellos ivan se alabando:
«De nuestros casamientos   agora somos vengados;
non las deviemos   tomar por varraganas
si non fuessemos   rogados,   2760
pues nuestras parejas   non eran pora en braços.
¡La desondra del leon   assis ira vengando!».

A las dos les rasgaron las camisas, y la carne. La sangre limpia empapaba los briales, y se les destrozaba el corazón. ¡Ay, qué suerte sería si Dios quisiera que de pronto apareciera el Cid Campeador! Las maltrataron de tal manera que se desmayaron, con los paños y las camisas ensangrentadas. Se cansaron de golpearlas, y de hacer apuestas sobre cuál las pegaba mejor. Doña Elvira y doña Sol no podían ya hablar. Las dejaron por muertas en el robledal de Corpes.

Les robaron los mantos y sus pieles de armiño. Dejaron a las pobrecitas en camisa y brial, para que las remataran las aves del monte y los animales feroces. Pensaban que estaban muertas, tenedlo en cuenta, y no vivas.

¡Ay, qué suerte sería si Dios quisiera que de pronto apareciera el Cid Campeador!

Los infantes de Carrión pensaban que las habían matado, porque no podían ya ni hablar, y se iban vanagloriando por los montes:

—Ya nos hemos vengado de estas bodas. Ni por amantes deberíamos haberlas tomado, ni aunque nos lo suplicaran. No nos llegan ni a la suela del zapato para mujeres legítimas. Ya nos vamos vengando de la deshonra del león.

Gonzalo de Berceo (siglo XIII)

Es el primer poeta castellano del que conocemos el nombre. Escribe vidas de santos locales a los que trata con familiaridad; así a Santa Oria la llama «serranilla» acentuando con el diminutivo el trato de cariño.

En los *Milagros de Nuestra Señora* hay una bella introducción alegórica. Un peregrino (el hombre) llega fatigado a un hermoso prado (la Virgen María) lleno de flores fragantes y fuentes, calientes en invierno y frías en verano.

En el milagro XIV se nos presenta la vida triste de un monasterio que, por los graves pecados cometidos, arde por los cuatro costados, debido a un rayo castigador. Pero aunque todo arde, la imagen de la Virgen y los objetos cercanos quedan intactos y resplandecientes.

[11]

Milagros de Nuestra Señora

La imagen respetada por el incendio
(XIV)

San Miguel de la Tumba   es un grand monesterio,   317
el mar lo cerca todo,   elli yaze en medio,
el logar perigloso   do sufren grand lazerio
los monges que ý   viven   en essi cimiterio.

En esti monesterio   que avemos nomnado,   318
avié de buenos monges   buen convento provado,
altar de la Gloriosa   rico e muy onrrado,
en él rica imagen   de precio muy granado.

Estava la imagen   en su trono posada,   319
so fijo en sus brazos,   cosa es costumnada,
los reïs redor ella,   sedié bien compannada,
como rica reína   de Dios santificada.

San Miguel de la Tumba es un gran monasterio; rodeado enteramente de mar, es un lugar peligroso donde los monjes que allí viven están expuestos a todo tipo de penalidades, viene a ser una especie de cementerio.

En este monasterio que tenemos nombrado había muy buenos monjes de bondad bien probada; y había un altar muy rico dedicado a la Gloriosa, con una imagen suya de precio muy subido.

La imagen estaba sentada en el trono con su hijo en brazos, según es la costumbre, y, como a reina rica, la rodeaban numerosos reyes que la adoraban por su santidad.

Tenié rica corona como rica reína, 320
de suso rica impla en logar de cortina,
era bien entallada, de lavor muy fina,
valié más essi pueblo que la avié vezina.

Colgava delant ella un buen aventadero, 321
en el seglar lenguage dízenli moscadero;
de alas de pavones lo fizo el obrero,
luzié como estrellas, semejant de luzero.

Cadió rayo del cielo por los graves peccados, 322
encendió la eglesia de todos quatro cabos,
quemó todos los libros e los pannos sagrados,
por pocco que los monges que non foron quemados.

Ardieron los armarios e todos los frontales, 323
las vigas, las gateras, los cabrios, los cumbrales,
ardieron las ampollas, cálizes e ciriales,
sufrió Dios essa cosa como faz otras tales.

Maguer que fue el fuego tan fuert e tan quemant, 324
nin plegó a la duenna nin plegó al ifant,
nin plegó al flabello que colgava delant,
ni li fizo de danno un dinero pesant.

Nin ardió la imagen nin ardió el flabello, 325
nin prisieron de danno quanto val un cabello;
solamiente el fumo non se llegó a ello,
ni'l nució más que nuzo yo al obispo don Tello.

Tenía rica corona como rica reina, sobre ella, un rico velo en lugar de cortina; la talla de la imagen era de una labor muy fina, valía más aquel pueblo porque la tenía vecina.

Delante de ella colgaba un buen abanico, que los seglares llamaban «moscadero». El artesano lo fabricó de alas de pavos reales; lucía como estrellas y era semejante al lucero.

Por los graves pecados cayó un rayo del cielo que incendió la iglesia por los cuatro costados. Quemó todos los libros y los paños sagrados, y por poco no murieron los monjes en el incendio.

Ardieron los armarios y todos los frontales, las vigas, las gateras, los cabrios, los cumbrales, ardieron las ampollas, cálices y ciriales[1]. Sufrió Dios esta cosa como sufre otras semejantes.

Pese a que el fuego fue tan fuerte y abrasador, ni llegó a la dueña, ni llegó al niño, ni llegó al velo que colgaba ante ella, ni le hizo daño por valor de un dinero pesante.

Ni se quemó la imagen, ni se quemó el abanico, ni recibieron daño por el valor de un pelo; ni siquiera el humo osó llegar allí, ni dañó más que daño yo al obispo don Tello.

[1] *ardieron las gateras, los cabrios, los cumbrales, las ampollas, los cálices, los ciriales:* arden partes del tejado (gateras, cabrios y cumbrales) y objetos destinados al culto (ampollas, cálices y ciriales). Berceo carece de la capacidad de síntesis, por lo que tiene que detenerse en cada cosa que quemó el fuego.

Continens e contentu   fue todo astragado,   326
tornó todo carbones,   fo todo asolado,
mas redor de la imagen,   quanto es un estado,
non fizo mal el fuego   ca non era osado.

Esto tovieron todos   por fiera maravella,   327
que nin fumo nin fuego   non se llegó a ella,
que sedié el flabello   más claro que estrella,
el ninno muy fermoso,   fermosa la ponzella.

El precioso miraclo   non cadió en oblido,   328
fue luego bien dictado,   en escripto metido;
mientre el mundo sea   será él retraído;
algún malo por ello   fo a bien combertido.

La Virgo benedicta,   reína general,   329
como libró su toca   de esti fuego tal,
asín libra sus siervos   del fuego perennal,
liévalos a la Gloria   do nunqua vean mal.

Continente y contenido todo fue devastado: todo se hizo carbón y todo fue destruido; pero alrededor de la imagen el fuego no hizo mal porque no se atrevió a tanto.

Fue fiera maravilla que no le hicieran daño, que ni el fuego ni el humo llegaran hasta ella. El abanico colgaba más claro que una estrella, el niño estaba hermoso y hermosa la doncella.

El precioso milagro no cayó en el olvido, fue luego bien dictado y escrito. Mientras el mundo sea mundo ha de ser bien narrado: algún malo por él fue al bien convertido.

La Virgen bendita, reina general, como libró su toca de este fuego, así libra a sus siervos del fuego eterno y los lleva a la gloria donde nunca verán mal.

Romancero viejo (siglos XIV-XVI)

El romance es una estrofa de versos octosílabos cuyos versos pares riman con rima asonante, generalmente, quedando los impares libres. Los romances provienen de los cantares de gesta y de las canciones líricas que se cantaban en las fiestas o en las labores del campo. El romance nació alrededor del siglo XIV y empezó a fijarse por escrito a partir del siglo XVI. Todavía hay gente en los pueblos que canta de memoria romances de la Edad Media, por haberlos oído a sus madres o abuelas.

Hay romances históricos, legendarios, novelescos, líricos o fronterizos, que exaltan las cualidades de los moriscos.

[12]

«El conde Arnaldos» es uno de los romances más sugestivos y misteriosos de la literatura española. La mañana de San Juan sale de caza el conde Arnaldos y se queda maravillado al oír cantar a un marinero. El conde quiere aprender esa bella canción, pero el marinero le responde: «Yo no digo esta canción / sino a quien conmigo va». Así pues, toda la dicha del conde ha consistido en oír cantar una canción que no ha podido aprender.

Hay un final muy novelesco que han conservado los judíos sefardíes: el marinero iba en busca del conde que fue raptado de niño.

El conde Arnaldos

¡Quién hubiese tal ventura
sobre las aguas del mar,
como hubo el conde Arnaldos
la mañana de San Juan!
Con un falcón en la mano 5
la caza iba a cazar,
vio venir una galera
que a tierra quiere llegar.
Las velas traía de seda,
la ejercia de un cendal, 10
marinero que la manda
diciendo viene un cantar
que la mar facía en calma,
los vientos hace amainar,
los peces que andan 'nel hondo 15
arriba los hace andar,
las aves que andan volando
en el mástil las hace posar.

¡Quién tuviera la suerte, sobre las aguas del mar, que tuvo el conde Arnaldos la mañana de San Juan!

Con un halcón en la mano iba a cazar.

Vio venir una barca que estaba a punto de tocar tierra; las velas traía de seda, las jarcias de una tela delicada.

El marinero que la guía cantando viene una canción, que serenaba la mar y aplacaba los vientos; los peces que andan por el fondo, saltan a la superficie; las aves que andan volando, se paran sobre el mástil para escuchar mejor.

Allí fabló el conde Arnaldos,
bien oiréis lo que dirá: 20
—Por Dios te ruego, marinero,
dígasme ora ese cantar.
Respondiole el marinero,
tal respuesta le fue a dar:
—Yo no digo esta canción 25
sino a quien conmigo va.

Allí habló el conde Arnaldos, bien oiréis lo que dirá:
—Por Dios te ruego, marinero, enséñame tu canción.

Le respondió el marinero, tal respuesta le fue a dar:
—Yo no digo esta canción sino a quien conmigo va.

[13]

En el romance de «La Jura de Santa Águeda», el Cid le toma juramento al rey Alfonso VI de no haber participado en la muerte de su hermano, el rey don Sancho. Las fórmulas del juramento y las maldiciones que pronuncia el Cid contra su señor, en caso de resultar éste culpable, son muy fuertes y humillantes.

Al final el Cid desprecia al rey.

La Jura de Santa Águeda

En Santa Águeda de Burgos,
do juran los hijos de algo,
allí toma juramento
el Cid al rey castellano,
si se halló en la muerte 5
del rey don Sancho su hermano;
las juras eran muy recias;
el rey no las ha otorgado:
—Villanos te maten, Alonso,
villanos, que no hidalgos, 10
de las Asturias de Oviedo,
que no sean castellanos;
si ellos son de León
yo te los do marcados;
caballeros vayan en yeguas, 15
en yeguas que no en caballos;
las riendas traigan de cuerda,
y no con frenos dorados;
abarcas traigan calzadas

En Santa Águeda de Burgos, donde juran los hidalgos, allí toma juramento el Cid al rey castellano: si se halló en la muerte del rey don Sancho su hermano.

Las condiciones del juramento eran tan fuertes que el rey no las ha acatado.

—Villanos te maten, Alonso, villanos, que no hidalgos, de las Asturias de Oviedo, que no sean castellanos; si ellos son de León, yo te los doy marcados; caballeros vayan en yeguas; en yeguas, que no en caballos; las riendas traigan de cuerda, y no con frenos dorados; abarcas[1] traigan calzadas,

[1] *abarcas:* calzado rústico de cuero que cubre sólo la planta del pie.

y no zapatos con lazo; 20
las piernas traigan desnudas,
no calzas de fino paño;
trayan capas aguaderas,
no capuces ni tabardos;
con camisones de estopa, 25
no de holanda ni labrados;
mátente con aguijadas,
no con lanzas ni con dardos;
con cuchillos cachicuernos,
no con puñales dorados; 30
maténte por las aradas,
no por caminos hollados;
sáquente el corazón
por el derecho costado,
si no dices la verdad 35
de lo que te es preguntado:
si tú fuiste o consentiste
en la muerte de tu hermano.
Allí respondió el buen Rey,
bien oirés lo que ha hablado: 40
—Mucho me aprietas, Rodrigo,
Rodrigo, mal me has tratado,
mas hoy me tomas la jura,
cras me besarás la mano.
Allí respondió el buen Cid 45
como hombre muy enojado:
—Aqueso será, buen Rey,
como fuere galardonado;
que allá en las otras tierras
dan sueldo a los hijosdalgo. 50
Por besar mano de rey

y no zapatos con lazo[2]; las piernas traigan desnudas, no medias de fino paño; traigan capas impermeables, no capuchas ni tabardos[3]; con camisones de estopa[4], no de holanda[5] ni bordados; que te maten con varas de hierro, no con lanzas ni con dardos; con cuchillos cachicuernos[6] no con puñales dorados; que te maten por las aradas, no por los caminos transitados; que te saquen el corazón por el costado derecho; si no dices la verdad de lo que te es preguntado; si tú estuviste o consentiste en la muerte de tu hermano.

Allí respondió el buen rey, bien oiréis lo que ha hablado:

—Mucho me aprietas, Rodrigo, Rodrigo, mal me has tratado; mas hoy me tomas la jura, mañana me besarás la mano.

Allí respondió el buen Cid, como hombre muy enojado:

—Eso, buen rey, lo entiendo como un galardón; allá en las altas tierras dan sueldo a los hidalgos; por besar mano de rey,

---

2 *zapatos con lazo:* zapatos elegantes.
3 *tabardos:* abrigos rústicos.
4 *estopa:* tejido basto.
5 *holanda:* tela fina.
6 *cuchillos cachicuernos:* cuchillos con mango de cuerno.

no me tengo por honrado;
porque la besó mi padre
me tengo por afrentado.
—Vete de mis tierras, Cid, 55
mal caballero probado,
vete, no me entres en ellas
hasta un año pasado.
—Que me place —dijo el buen Cid—,
que me place de buen grado, 60
por ser la primera cosa
que mandas en tu reinado:
tu me destierras por uno,
yo me destierro por cuatro.
Ya se partía el buen Cid 65
de Vivar, esos palacios,
las puertas deja cerradas,
los alamudes echados,
las cadenas deja llenas
de podencos y de galgos. 70
Con él lleva sus halcones,
los pollos y los mudados.
Con él van cien caballeros,
todos eran hijos de algo,
los unos iban a mula 75
y los otros a caballo.
Por una ribera arriba
al Cid van acompañando;
acompañándolo iban
mientras él iba cazando. 80

no me tengo por honrado; porque la besó mi padre me tengo por afrentado.

—Vete de mis tierras, Cid, mal caballero probado; no regreses a ellas hasta pasado un año.

—Me place —dijo el buen Cid—, me place de todo corazón, por ser la primera cosa que mandas en tu reinado; tú me destierras por uno, yo me destierro por cuatro.

Ya se partía el buen Cid de Vivar, dejando cerrada su casa, pasados los cerrojos, llenas las cadenas de galgos y podencos. Con él van sus halcones de caza. Con él van cien caballeros, todos eran hidalgos. Los unos iban en mula, los otros a caballo; por una ribera arriba van acompañando al Cid. Lo iban acompañando, mientras él iba cazando.

Juan Ruiz, Arcipreste de Hita (primera mitad del siglo XIV)

No conocemos la biografía real de este cura que, a través de su literatura, se nos aparece como amante entusiasta de la vida y de sus placeres. La intención que declara al escribir su *Libro de buen amor* es la de seguir la senda de la virtud para llegar a Dios, el único amor verdadero. Pero su complacencia al hablar de la belleza femenina y del amor humano desmienten su propósito.

El hilo que une las diversas aventuras del libro es el amor de Don Melón de la Huerta (disfraz literario del autor) por Doña Endrina de Calatayud.

[14]

Libro de buen amor

El arcipreste hace un retrato de las perfecciones de Doña Endrina y de la timidez, casi parálisis, de Don Melón.

Aparición de Doña Endrina

¡Ay, Dios, e quán fermosa viene Doña Endrina por la plaça! 653
¡Qué talle, qué donaire, qué alto cuello de garça!
¡Qué cabellos, qué boquilla, qué color, qué buenandança!
Con saetas de amor fiere quando los sus ojos alça.

Pero, tal lugar non era para fablar en amores; 654
a mí luego me venieron muchos miedos e tenblores:
los mis pies e las mis manos non eran de sí señores,
perdí seso, perdí fuerça, mudáronse mis colores.

Unas palabras tenía pensadas por le dezir, 655
el miedo de las conpañas me façian ál departir;
apenas me conosçía nin sabía por dó ir:
con mi voluntat mis dichos non se podían seguir.

Fablar con muger en plaça es cosa muy descobierta: 656
a bezes mal perro atado tras mala puerta abierta;
bueno es jugar fermoso, echar alguna cobierta;
ado es lugar seguro, es bien fablar cosa çierta.

¡Ay Dios, qué hermosa viene Doña Endrina por la plaza! ¡Qué talle, que donaire, qué alto cuello de garza! ¡Qué cabellos, qué boquilla, qué color, qué andares! Con saetas de amor hiere cuando alza sus ojos.

Pero tal lugar no era para hablar allí de amores. A mí luego me vinieron muchos miedos y temblores; mis pies y mis manos no eran dueños de sí; perdí el seso, perdí las fuerzas, se mudaron mis colores.

Tenía pensadas unas palabras para empezar; el miedo a que me oyeran me hizo hablar de otra cosa; muy mal me desenvolvía, no sabía cómo andar; no lograba poner de acuerdo mis dichos con mis hechos.

Andar con mujer en plaza es cosa muy descubierta; a veces hay perro mal atado tras mala puerta abierta: bueno es jugar bromeando, decir algo que haga reír. En donde hay lugar seguro, entonces es cuando hay que decir la verdad.

La trotaconventos es un antecedente de la Celestina.

Intermediaria entre los amantes

Busqué trotaconventos qual me mandó el Amor, 697
de todas las maestras escogí la mejor;
Dios e la mi ventura que me fue guiador,
acerté en la tienda del sabio corredor.

Fallé una tal vieja qual avía mester, 698
artera e maestra e de mucho saber;
Doña Venus por Pánfilo non pudo más fazer
de quanto fizo aquésta por me fazer plazer.

Era vieja buhona d'éstas que venden joyas: 699
éstas echan el laço, éstas cavan las foyas;
non ay tales maestras como estas viejas troyas,
éstas dan la maçada: si as orejas, oyas.

Como lo han de uso estas tales buhonas, 700
andan de casa en casa vendiendo muchas donas;
non se reguardan d'ellas, están con las personas,
fazen con mucho viento andar las atahonas.

Desque fue en mi casa esta vieja sabida, 701
díxele: «¡Madre señora, tan bien seades venida!
En vuestras manos pongo mi salud e mi vida;
si vós non me acorredes, mi vida es perdida».

Busqué trotaconventos, como manda el amor, de todas las maestras escogí la mejor. Dios y mi buena suerte me guiaron a la tienda del buen corredor.

Hallé una vieja como era menester: astuta, maestra y de mucha sabiduría. Doña Venus no hizo tanto por Pánfilo[1] como esta vieja hizo por darme a mí placer.

Era una vieja buhonera, de estas que venden joyas y de las que te echan el lazo y te cavan el hoyo. No hay maestras como estas viejas embusteras: ellas te dan la mazada si te dignas escucharlas.

Tienen por costumbre estas viejas buhoneras andar de casa en casa vendiendo muchas cosas. No tienen miramiento con nadie y hacen con mucho viento andar los molinos.

Tan pronto llegó a mi casa esta vieja resabiada, le dije: «Madre señora, seáis muy bienvenida. Mi salud y mi vida la pongo en vuestras manos. Si vos no me ayudáis, mi vida es perdida».

[1] *Pánfilo: Pamphilus de amore,* comedia latina en la que se inspira el *Libro de buen amor.*

La trotaconventos aconseja a la mujer que guarde en secreto su deshonra y dé por bueno el matrimonio que le promete Don Melón.

Diálogo entre la trotaconventos y Doña Endrina

«Quando yo salí de casa, pues que veyades las redes, 878
¿por qué fincávades con él sola entre estas paredes?
A mí non rebtedes, fija, que vós lo meresçedes;
el mejor cobro que tenedes: vuestro mal que lo calledes.

Menos de mal será que esto poco çeledes, 879
que non que vos descobrades e ansí vos pregonedes:
casamiento que vos venga, por esto non lo perderedes;
mejor me paresçe esto que non que vos enfamedes.

E pues que vós dezides que es el daño fecho, 880
defiéndavos e ayúdevos a tuerto e a derecho;
fija, a daño fecho aved ruego e pecho:
¡callad! Guardat la fama, non salga de so techo:

si non parlase la picaça más que la codorniz, 881
non la colgarién en plaça, nin reirian de lo que diz:
castigadvos, ¡ya amiga!, de otra tal contratriz,
que todos los omnes fazen como Don Melón Ortiz».

Doña Endrina le dixo: «¡Ay, viejas tan perdidas!, 882
a las mugeres trahedes engañadas e vendidas:
ayer mill cobros me davas, mill artes e mill salidas;
oy, ya que só escarnida, todas me son fallesçidas».

«Cuando yo salí de casa, puesto que veíais las redes, ¿por qué os quedabais a solas con él entre estas cuatro paredes? A mí no me echéis la culpa, hija, que vos os lo merecéis. Y el mejor remedio para vuestro mal es callar.

Más vale que calléis y no lo vayáis pregonando. El casamiento no lo perderéis por esto. Me parece mejor esto que no manchar vuestra fama.

Y puesto que decís que el daño está hecho, más vale ayudarse a tuerto o a derecho. A daño hecho, ánimo en el pecho. Callad, guardad la fama, no salga de ese pecho.

Si no hablase la picaza[2] más que la codorniz, no la colgarían en la plaza ni se reirían de lo que ella dice. Todos los hombres hacen como Don Melón Ortiz».

Doña Endrina le dijo: «Ah viejas tan perdidas, engañáis y vendéis a las mujeres; ayer me ofrecías mil remedios y salidas, y hoy me los quitas todos porque me ves derrotada».

---

[2] *picaza:* urraca.

El arcipreste empieza parodiando las enseñanzas del apóstol. Y luego nos cuenta muy detalladamente su encuentro en la sierra con una pastora fea, que le pasa la montaña en volandas. Pero hay que pagarle peaje: hacerle algún regalo y tener relaciones con ella.

DE CÓMO EL ARCIPRESTE FUE A PROBAR LA SIERRA Y LO QUE LE ACONTECIÓ CON LA SERRANA

Provar todas las cosas el Apóstol lo manda; 950
fui a provar la sierra e fiz loca demanda;
luego perdí la mula, non fallava vïanda,
quien más de pan de trigo busca, sin seso anda.

El mes era de março, día de Sant Meder, 951
pasada de Loçoya fui camino prender;
de nieve e de granizo non ove do me asconder:
quien busca lo que non pierde, lo que tiene deve perder.

En çima d'este puerto vime en grand rebata: 952
fallé una vaqueriza çerca de una mata;
preguntéle quién era; respondióme: «¡La Chata!
Yo só la Chata rezia que a los omnes ata.

Yo guardo el portadgo e el peaje cojo: 953
el que de grado me paga non le fago enojo,
el que non quiere pagar, priado lo despojo;
págam' tú, si non verás cómo trillan rastrojo».

Detóvome el camino, como era estrecho, 954
una vereda angosta, harruqueros la avian fecho;
desque me vi en coyta, arrezido, maltrecho,
«Amiga», díxel, «amidos faze el can barvecho.

Probar todas las cosas el apóstol lo manda. Fui a probar la sierra e hice una locura. Luego perdí la mula y no hallé comida. Es un insensato el que busca otra cosa que no sea el pan de trigo.

Era el mes de marzo, día de san Emeterio, pasado Lozoya, fui a emprender el camino. No me pude resguardar de la nieve ni del granizo: quien busca lo que no ha perdido, lo que tiene debe perder.

En la cima del puerto me vi en un gran apuro; cerca de una espesura me encontré a una serrana. Le pregunté quién era. Me respondió: «La chata. Yo soy la serrana recia que a los hombres ata.

Yo cobro el peaje al que por aquí pasa. Al que me paga de buenas no le hago mal. Yo despojo al que no quiere pagarme. Págame tú, si no verás qué paliza te pego».

Me cortó el paso, ya que el camino era estrecho, pues era camino de mulas. Cuando me vi en ese trance, muerto de frío y molido de cansancio, le dije: «Amiga, a la fuerza ahorcan.

Déxame passar, amiga, darte he joyas de sierra; 955
si quieres, dime quáles usan en esta tierra,
ca, segund diz la fabla, quien pregunta non yerra;
e, por Dios, dame possada, que el frío me atierra».

Respondióme la Chata: «Quien pide non escoge; 956
prométeme quequiera e faz que non me enoje;
non temas, si'm das algo, que la nieve mucho te moje;
conséjote que te abengas antes que te despoje».

Como dize la vieja, quando beve su madexa: 957
«Comadre, quien más non puede, amidos morir se dexa»,
yo, desque me vi con miedo, con frío e con quexa,
mandéle pancha con broncha e con çorrón de coneja.

Echóme a su pescueço por las buenas respuestas, 958
e a mí non me pesó porque me llevó a cuestas;
escusóme de passar los arroyos e las cuestas;
fiz de lo que ý passó las coplas deyuso puestas.

CÁNTICA DE SERRANA

Passando una mañana 959
el puerto de Malangosto,
salteóme una serrana
al asomante de un rostro:
«Fademaja», diz, «¿dónde andas?
¿Qué buscas o qué demandas
por aqueste puerto angosto?».

Déjame pasar, amiga, y te daré joyas. Si quieres, dime cuáles se usan en esta tierra. Según dice el refrán, quien pregunta no yerra. Por Dios, dame posada que el frío me echa por tierra».

Me respondió la chata: «Quien pide no elige. Prométeme lo que quieras, pero haz que no me enfade. Si me regalas algo, no temas que la nieve te moje. Te aconsejo no enojarme, pues si no te quito todo lo que llevas».

Como dice la vieja cuando hila: «Comadre, quien ya no puede más se deja morir». Yo desde que me vi con frío y con miedo le prometí un broche y una piel de coneja.

Como le gustó mi respuesta me cogió y me cargó sobre sus hombros. A mí no me pesó porque me llevó sobre sus espaldas. Me libró de pasar los arroyos y las cuestas. De lo que allí pasó hice las coplas éstas:

Cantiga de serrana

Pasando una mañana el puerto de Malangosto me asaltó una serrana ya cerca de la cima. «¿Dónde andas y qué buscas por este puerto estrecho?».

Dixle yo a la pregunta: 960
«Vome fazia Sotosalvos».
Diz: «El pecado te barrunta
en fablar verbos tan bravos,
que por esta encontrada,
que yo tengo guardada,
non pasan los omes salvos».

Paróseme en el sendero 961
la gaha, roín [e] heda:
«A la he», diz, «escudero,
aquí estaré yo queda
fasta que algo me prometas;
por mucho que te arremetas,
non pasarás la vereda».

Díxele yo: «Por Dios, vaquera, 962
non me estorves mi jornada:
tuelte e dame carrera,
que non trax para ti nada».
Ella diz: «Dende te torna,
por Somosierra trastorna,
que non avrás aquí passada».

La Chata endïablada, 963
¡que Sant Illán la confonda!,
arrojóme la cayada
e rodeóme la fonda,
enaventóme el pedrero,
diz: «¡Par el Padre verdadero,
tú me pagarás oy la ronda!».

Yo le contesté: «Voy a Sotosalbos». «Mal rayo te parta, que estos son mis dominios y ningún hombre se salva de mí».

En medio del sendero se plantó la pastora fea: «Eh, párate ahí, yo de aquí no me muevo hasta que me prometas algún regalo. Por muy chulo que te pongas no pasarás por aquí».

Yo le dije: «Por Dios, vaquera, no me cortes el paso, que no te traje nada para ti». Ella dijo: «Vuélvete atrás, por Somosierra, porque por aquí no pasarás».

La endemoniada Chata, que San Julián la confunda, me arrojó el cayado y me tiró una piedra con su honda. «Por el padre verdadero tú me pagarás hoy la ronda».

Fazia nieve e granizava; 964
díxome la Chata luego,
fascas que me amenazava:
«Págam', si non verás juego».
Díxel yo: «Par Dios, fermosa,
dezirvos he una cosa:
más querría estar al fuego».

Diz: «Yo te levaré a cassa, 965
e mostrarte he el camino,
fazerte he fuego e brasa,
darte he del pan e del vino;
¡alaúd!, prometme algo,
e tenerte he por fidalgo;
¡buena mañana te vino!».

Yo, con miedo e arrezido, 966
prometíl una garnacha
e mandél para el vestido
una broncha e una pancha;
ella diz: «D'oy más amigo,
anda acá, trete conmigo,
non ayas miedo al escacha».

Tomóme rezio por la mano, 967
en su pescueço me puso
como a çurrón liviano
e levóm la cuesta ayuso:
«Hadeduro, non te espantes,
que bien te daré qué yantes,
como es de la sierra uso».

Hacía nieve y granizaba. Me dijo la Chata, amenazándome: «Págame, si no, no verás fuego». «Por Dios, hermosa, tengo que deciros algo; pero querría estar junto al fuego».

Y ella: «Yo te llevaré a casa, te enseñaré el camino, te daré fuego y brasa. Pan y vino. Pero ¡por Dios! Prométeme algo. Así te tendré por noble. Buen día te vino».

Yo, con miedo y aterido de frío, le prometí una saya y le encargué un broche para el vestido. Ella dijo: «Ya eres mi amigo. Anda, vente conmigo y no le temas a la escarcha».

Me tomó por la mano y me cargó a las espaldas como si fuera yo un ligero saco, y así me llevó cuesta abajo. «Estúpido, no te asustes, que ya te daré de comer según la costumbre de la sierra».

Pússome mucho aína 968
en una venta con su enhoto;
diome foguera de enzima,
mucho gaçapo de soto,
buenas perdizes asadas,
fogaças mal amassadas
e buena carne de choto;

de buen vino un quartero, 969
manteca de vacas mucha,
mucho queso assadero,
leche, natas e una trucha;
dize luego: «Hadeduro,
comamos d'este pan duro;
después faremos la lucha».

Desque fui un poco estando, 970
fuime desatiriziendo;
como me iva calentando,
ansí me iva sonriendo;
oteóme la pastora,
diz: «¡Ya, compañón! Agora
creo que vo entendiendo».

La vaqueriza traviessa 971
diz[e]: «Luchemos un rato;
liévate dende apriesa,
desbuélvete de aqués hato».
Por la muñeca me priso,
ove de fazer quanto quiso:
creet que fiz buen barato.

Muy deprisa me llevó a su cabaña, me dio hoguera de encina, conejo de soto, buenas perdices asadas y hogazas mal amasadas y buena carne de choto.

Un cuartero de vino, mucha manteca de vaca, mucho queso asado, leche, nata y una trucha. «Idiota, comamos de este pan duro. Después haremos la lucha».

Cuando estuve un rato allí empecé a entrar en calor. Y al entrar en calor, comencé a sonreír. Me miró la pastora y dijo: «Compañero, ya creo que te voy entendiendo».

La vaquera traviesa dijo: «Luchemos un rato. Vete quitando la ropa ya». Me cogió por la muñeca y me obligó a hacer todo lo que ella quiso. ¡Creed que hice un negocio fino!

Marqués de Santillana (1398-1458)

El Marqués de Santillana fue un hombre muy culto que preparó el camino a Garcilaso de la Vega al intentar, sin éxito, adaptar el soneto italiano al castellano. Pero no fueron sus poemas cultos, sino las serranillas de origen popular las que le abrieron el camino de la gloria literaria.

Las serranillas son pastoras idealizadas que nada tienen que ver con la realidad, ni con la caricatura de las serranas del Arcipreste de Hita.

La vaquera de la Finojosa es un delicioso encuentro y desencuentro entre un caballero y una hermosa pastora que se permite el lujo de rechazarlo con auténtica gracia.

[15]

SERRANILLA

La vaquera de la Finojosa

Moça tan fermosa
non vi en la frontera,
com'una vaquera
de la Finojosa.

Faziendo la vía 5
del Calatraveño
a Santa María,
vençido del sueño,
por tierra fragosa
perdí la carrera, 10
do vi la vaquera
de la Finojosa.

En un verde prado
de rosas e flores,
guardando ganado 15
con otros pastores,
la vi tan graçiosa
que apenas creyera
que fuesse vaquera
de la Finojosa. 20

Moza tan hermosa, no vi en la frontera, como una vaquera de la Finojosa.

Haciendo la ruta del Calatraveño a Santa María, vencido del sueño, por tierra montañosa, perdí la carrera donde vi a la vaquera de la Finojosa.

En un verde prado de rosas y flores, guardando ganado con otros pastores, la vi tan graciosa, que apenas creyera que fuera vaquera de la Finojosa.

Non creo las rosas
de la primavera
sean tan fermosas
nin de tal manera
(fablando sin glosa), 25
si antes supiera
de aquella vaquera
de la Finojosa.

Non tanto mirara
su mucha beldad, 30
porque me dexara
en mi libertad.
Mas dixe: «Donosa
(por saber quién era),
¿dónde es la vaquera 35
de la Finojosa?».

Bien como riendo,
dixo: «Bien vengades;
que ya bien entiendo
lo que demandades: 40
non es desseosa
de amar, nin lo espera,
aquessa vaquera
de la Finojosa».

No creo que las rosas de la primavera sean tan hermosas ni de tal manera, hablando sin exagerar, como aquella vaquera de la Finojosa

No tanto mirara su mucha belleza, porque me dejara en mi libertad. Mas dije: «Preciosa (por saber quién era), ¿dónde vive la vaquera de la Finojosa?».

Bien como burlándose, dijo: «Sed muy bien venido que ya entiendo lo que queréis. No es deseosa de amar ni lo espera esa vaquera de la Finojosa».

Jorge Manrique (1440?-1479)

Jorge Manrique fue un caballero que murió en el campo de batalla, defendiendo los derechos de Isabel la Católica. Ocupa un lugar importante en la literatura española gracias a un solo poema: las *Coplas por la muerte de su padre.* El resto de su obra no le habría reportado ninguna fama.

Las *Coplas* constan de cuarenta estrofas, formadas de sextinas dobles de pie quebrado. El esquema de la sextina es: *8a 8b 4c 8a 8b 4c 8d 8e 4f 8d 8e 4f.*

[16]

Coplas por la muerte de su padre

El despertar de la muerte

Las cinco primeras estrofas del poema tienen un carácter filosófico de tono pesimista: el tiempo pasa rápidamente y cuando queremos darnos cuenta, ya es tarde: la muerte nos aniquila. La estrofa III articulada en torno a la imagen del río que va fatalmente al mar es una de las que más se recuerdan por su gran expresividad.

I

Recuerde[1] el alma dormida,
avive el seso y despierte,
contemplando
cómo se pasa la vida;
cómo se viene la muerte 5
tan callando;
cuán presto se va el placer;
cómo después de acordado,
da dolor;
cómo, a nuestro parecer, 10
cualquiera tiempo pasado
fue mejor.

[1] *recuerde:* despierte.

II

Pues si vemos lo presente,
cómo en un punto se es ido[2]
y acabado, 15
si juzgamos sabiamente,
daremos lo no venido
por pasado.
No se engañe nadie, no,
pensando que ha de durar 20
lo que espera
más que duró lo que vio,
pues que todo ha de pasar
por tal manera.

III

Nuestras vidas son los ríos 25
que van a dar en la mar,
que es el morir;
allí van los señoríos
derechos a se acabar
y consumir; 30
allí los ríos caudales,
allí los otros medianos
y más chicos,
allegados, son iguales
los que viven por sus manos 35
y los ricos.

---

[2] *en un punto se es ido:* en un instante ha desaparecido.

IV

Dejo las invocaciones
de los famosos poetas
y oradores;
no curo de sus ficciones 40
que traen hierbas secretas
sus sabores.
A aquél solo me encomiendo,
Aquél solo invoco yo,
de verdad, 45
que en este mundo viviendo,
el mundo no conoció
su deidad.

V

Este mundo es el camino
para el otro, que es morada 50
sin pesar;
mas cumple tener buen tino[3]
para andar esta jornada
sin errar.
Partimos cuando nacemos, 55
andamos mientras vivimos,
y llegamos
al tiempo que fenecemos;
así que cuando morimos,
descansamos. 60

---

[3] *tino:* acierto.

EL UBI SUNT

Insiste el poeta en el escaso valor del placer, pues la muerte y el olvido siguen tanto a los poderosos como a los humildes.

Antonio Machado valoraba extraordinariamente las estrofas XVI y XVII donde el poeta se pregunta con añoranza dónde habrán ido a parar tantos galanes y damas que eran la alegría de las fiestas. La estrofa XVII resalta los vestidos y los olores de las damas y las músicas que acompañaban los cortejos amorosos.

XIII

Los placeres y dulzores 145
de esta vida trabajada
que tenemos,
no son sino corredores[4],
y la muerte, la celada[5]
en que caemos. 150
No mirando a nuestro daño,
corremos a rienda suelta
sin parar;
desque[6] vemos el engaño
y queremos dar la vuelta 155
no hay lugar.

---

[4] *corredores:* soldados adelantados.
[5] *celada:* trampa, emboscada.
[6] *desque:* desde que.

XIV

Esos reyes poderosos
que vemos en las escrituras
ya pasadas
con casos tristes, llorosos, 160
fueron sus buenas venturas
trastornadas;
así, que no hay cosa fuerte,
que a papas y emperadores
y prelados, 165
así los trata la muerte
como a los pobres pastores
de ganados.

XV

Dejemos a los troyanos
que sus males no los vimos, 170
ni sus glorias;
dejemos a los romanos,
aunque oímos y leímos
sus historias;
no curemos[7] de saber 175
lo de aquel siglo pasado
qué fue de ello;
vengamos a lo de ayer,
que también es olvidado
como aquello. 180

---

[7] *no curemos:* no nos preocupe.

XVI

¿Qué se hizo el rey don Juan?
Los Infantes de Aragón,
¿qué se hicieron?
¿Qué fue de tanto galán,
qué de tanta invención 185
que trajeron?
¿Fueron sino devaneos[8],
qué fueron sino verduras[9]
de las eras,
las justas[10] y los torneos, 190
paramentos[11], bordaduras
y cimeras[12]?

XVII

¿Qué se hicieron las damas,
sus tocados y vestidos,
sus olores? 195
¿Qué se hicieron las llamas
de los fuegos encendidos
de amadores?
¿Qué se hizo aquel trovar[13],
las músicas acordadas 200
que tañían?

---

8 *devaneos:* locuras.
9 *verduras:* verdor.
10 *justas:* combates a caballo y con lanza.
11 *paramentos:* adornos.
12 *cimeras:* adornos de la parte superior del casco.
13 *trovar:* hacer versos.

¿Qué se hizo aquel danzar,
aquellas ropas chapadas[14]
que traían?

Aparición del protagonista en escena

En la estrofa XXV aparece el verdadero protagonista: don Rodrigo Manrique, el padre del poeta.

Ha transcurrido la sexta parte del poema y es entonces, después de una expectación muy bien graduada, cuando se produce el elogio del maestre, que reúne en sí todas las virtudes de los personajes más afamados de la historia.

XXV

Aquel de buenos abrigo,
amado, por virtuoso, 290
de la gente,
el maestre don Rodrigo
Manrique, tanto famoso
y tan valiente;
sus hechos grandes y claros 295
no cumple que los alabe,
pues los vieron;
y los quiero hacer caros,
pues que el mundo todo sabe
cuáles fueron. 300

[14] *chapadas:* hermosas.

XXVI

Amigo de sus amigos,
¡qué señor para criados
y parientes!
¡Qué enemigo de enemigos!
¡Qué maestro de esforzados 305
y valientes!
¡Qué seso para discretos!
¡Qué gracia para donosos!
¡Qué razón!
¡Qué benigno a los sujetos! 310
¡A los bravos y dañosos,
qué león!

XXVII

En ventura, Octaviano;
Julio César en vencer
y batallar; 315
en la virtud, Africano;
Aníbal en el saber
y trabajar;
en la bondad, un Trajano;
Tito en liberalidad 320
con alegría;
en su brazo, Aureliano;
Marco Atilio en la verdad
que prometía.

XXVIII

Antonio Pío en clemencia; 325
Marco Aurelio en igualdad
del semblante;
Adriano en la elocuencia;
Teodosio en humanidad
y buen talante. 330
Aurelio Alejandre fue
en disciplina y rigor
de la guerra;
un Constantino en la fe,
Camilo en el gran amor 335
de su tierra.

El diálogo entre la muerte y el maestre

Las últimas estrofas presentan a la muerte, en forma de mujer, llamando a la puerta de don Rodrigo y animándolo a bien morir, ya que después de la muerte el personaje tendrá una doble inmortalidad: la de la fama y la de la vida eterna. El maestre está conforme como buen cristiano. Y da su consentimiento para morir. La muerte se produce dentro de la paz familiar y el emocionado hijo da testimonio del ejemplo del padre.

XXXIII

Después de puesta la vida 385
tantas veces por su ley
al tablero[15];

[15] *tablero:* metáfora tomada del ajedrez (arriesgar la vida).

después de tan bien servida
la corona de su rey
verdadero; 390
después de tanta hazaña
a que no puede bastar
cuenta cierta,
en la su villa[16] de Ocaña
vino la muerte a llamar 395
a su puerta,

XXXIV

diciendo: «Buen caballero,
dejad el mundo engañoso
y su halago;
vuestro corazón de acero 400
muestre su esfuerzo famoso
en este trago[17];
y pues de vida y salud
hiciste tan poca cuenta
por la fama; 405
esfuércese la virtud
para sufrir esta afrenta
que os llama».

[16] *en la su villa:* en su villa; el artículo ante el posesivo indica afectividad.
[17] *trago:* metáfora que significa apuro, agonía.

XXXV

«Non[18] se os haga tan amarga
la batalla temerosa 410
que esperáis,
pues otra vida más larga
de la fama gloriosa
acá dejáis.
Aunque esta vida de honor 415
tampoco no es eternal
ni verdadera;
mas, con todo, es muy mejor
que la otra temporal,
perecedera». 420

XXXVI

«El vivir que es perdurable
no se gana con estados
mundanales,
ni con vida deleitable
donde moran los pecados 425
infernales;
mas los buenos religiosos
gánanlo con oraciones
y con lloros;
los caballeros famosos, 430
con trabajos y aflicciones
contra moros».

---

18 *non:* no.

XXXVII

«Y pues vos, claro varón,
tanta sangre derramaste
de paganos, 435
esperad el galardón[19]
que en este mundo ganaste
por las manos;
y con esta confianza
y con la fe tan entera 440
que tenéis,
partid con buena esperanza,
que estotra[20] vida tercera
ganaréis».

XXXVIII
Responde el maestre

«No tengamos tiempo ya 445
en esta vida mezquina
por tal modo,
que mi voluntad está
conforme con la divina
para todo; 450
y consiento en mi morir
con voluntad placentera,
clara y pura,
que querer hombre vivir
cuando Dios quiere que muera, 455
es locura».

---

[19] *galardón:* premio.
[20] *esotra:* la otra.

XXXIX
Del maestre a Jesús

«Tú que, por nuestra maldad,
tomaste forma servil
y bajo nombre;
tú, que a tu divinidad 460
juntaste cosa tan vil
como es el hombre;
tú, que tan grandes tormentos
sufriste sin resistencia
en tu persona, 465
no por mis merecimientos,
mas por tu sola clemencia
me perdona[21]».

XL
Fin

Así, con tal entender,
todos sentidos humanos 470
conservados,
cercado de su mujer
y de sus hijos y hermanos
y criados,
dio el alma a quien se la dio 475
(el cual la ponga en el cielo
en su gloria),
que aunque la vida perdió,
dejonos harto[22] consuelo,
su memoria. 480

[21] *me perdona:* perdóname.
[22] *harto:* muy grande.

Garcilaso de la Vega (¿1501?-1536)

Garcilaso de la Vega tuvo el gran acierto de adaptar el endecasílabo italiano a las necesidades expresivas de la lengua española. Todavía en el siglo XXI la poesía española se nutre en abundancia de aquel verso armonioso y solemne, variado de melodía y de ritmo que puede abarcar todos los aspectos del vivir humano: amor, muerte, desgaste del tiempo, alegría entusiasta o abatimiento profundo.

[17]

Soneto XXXIII

En el soneto XXXIII (dedicado a su fiel amigo y precursor en la introducción del verso endecasílabo en España), Garcilaso habla desde suelo africano de la gloria romana y su actual resurgimiento. Parece que el tono del soneto tenga una intención bélica, hasta que la emoción del amor fracasado da vida al segundo terceto, que era el motivo inspirador del poema.

A Boscán desde la goleta

Boscán, las armas y el furor de Marte,
que con su propria fuerza el africano
suelo regando, hacen que el romano
imperio reverdezca en esta parte,

han reducido a la memoria el arte 5
y el antiguo valor italiano,
por cuya fuerza y valerosa mano
África se aterró de parte a parte.

Aquí donde el romano encendimiento,
donde el fuego y la llama licenciosa 10
solo el nombre dejaron a Cartago,

vuelve y revuelve amor mi pensamiento,
hiere y enciende el alma temerosa,
y en llanto y en ceniza me deshago.

[18]

Esta *Égloga III* representa el triunfo de la belleza del arte sobre la vida.

La acción se sitúa en un *locus amoenus* en las riberas del Tajo, río idealizado, que fluye por Toledo, la ciudad natal del escritor. En la espesura de sauces y hiedras hace una temperatura ideal. El Tajo se nos presenta cristalino y lento; de pronto, una ninfa sale del agua y se enamora del apacible sitio. Y como la ninfa es amiga de sus amigas, quiere compartir con ellas el hermoso descubrimiento. Ni corta ni perezosa, se hunde otra vez en el agua y acompañada de otras tres ninfas sale a la superficie y se ponen a tejer con hilos de oro, tan delgados como sus cabellos, historias mitológicas de amor y de muerte.

Égloga III

8

Cerca del Tajo, en soledad amena,
de verdes sauces hay una espesura
toda de hiedra revestida y llena,
que por el tronco va hasta el altura[1] 60
y así la teje arriba y encadena
que el sol no halla paso a la verdura[2];
el agua baña el prado con sonido,
alegrando la vista y el oído.

[1] *el altura:* la altura.
[2] *verdura:* verdor.

9

Con tanta mansedumbre el cristalino 65
Tajo en aquella parte caminaba
que pudieran los ojos el camino
determinar apenas que llevaba.
Peinando sus cabellos de oro fino,
una ninfa del agua do[3] moraba 70
la cabeza sacó y el prado ameno
vido[4] de flores y de sombras lleno.

10

Movióla[5] el sitio umbroso, el manso viento,
el suave olor daquel florido suelo;
las aves en el fresco apartamiento 75
vio descansar del trabajoso vuelo;
secaba entonces el terreno aliento
el sol, subido en la mitad del cielo;
en el silencio solo se escuchaba
un susurro de abejas que sonaba. 80

---

[3] *do:* donde.
[4] *vido:* vio.
[5] *movióla:* la conmovió, la animó.

Nise, la cuarta de las ninfas, no teje ningún mito antiguo sino que pinta los amores y muerte de Elisa, Isabel Freyre, la amada imposible de Garcilaso. El breve episodio de la ninfa muerta sobre la verde hierba, con el cortejo colorido de las otras ninfas, tiene la delicadeza y la ternura insuperables del dolor convertido en belleza.

25

La blanca Nise no tomó a destajo
de los pasados casos la memoria,
y en la labor de su sutil trabajo 195
no quiso entretejer antigua historia;
antes, mostrando de su claro Tajo
en su labor la celebrada gloria,
la figuró en la parte donde él baña
la más felice[6] tierra de la España. 200

26

Pintado el caudaloso río se vía[7],
que en áspera estrecheza[8] reducido,
un monte casi alrededor ceñía,
con ímpetu corriendo y con rüido;

[6] *felice:* feliz.
[7] *vía:* veía.
[8] *estrecheza:* estrechez.

querer cercarlo todo parecía 205
en su volver, mas era afán perdido;
dejábase correr en fin derecho,
contento de lo mucho que había hecho.

27

Estaba puesta en la sublime cumbre
del monte, y desde allí por él sembrada, 210
aquella ilustre y clara pesadumbre
de antiguos edificios adornada.
De allí con agradable mansedumbre
el Tajo va siguiendo su jornada
y regando los campos y arboledas 215
con artificio de las altas ruedas[9].

28

En la hermosa tela se veían,
entretejidas, las silvestres diosas
salir de la espesura, y que venían
todas a la ribera presurosas, 220
en el semblante tristes, y traían
cestillos blancos de purpúreas rosas,
las cuales esparciendo derramaban
sobre una ninfa muerta que lloraban.

---

[9] *altas ruedas:* norias.

29

Todas, con el cabello desparcido[10] 225
lloraban una ninfa delicada
cuya vida mostraba que había sido
antes de tiempo y casi en flor cortada;
cerca del agua, en un lugar florido,
estaba entre las hierbas degollada[11] 230
cual queda el blanco cisne cuando pierde
la dulce vida entre la hierba verde.

30

Una de aquellas diosas que en belleza
al parecer a todas excedía,
mostrando en el semblante la tristeza 235
que del funesto y triste caso había,
apartada algún tanto, en la corteza
de un álamo unas letras escribía
como epitafio de la ninfa bella,
que hablaban así por parte della: 240

---

[10] *desparcido:* esparcido.
[11] *degollada:* con una herida en la garganta.

31

«Elisa soy, en cuyo nombre suena
y se lamenta el monte cavernoso,
testigo del dolor y grave pena
en que por mí se aflige Nemoroso
y llama "Elisa"; "Elisa" a boca llena 245
responde el Tajo, y lleva presuroso
al mar de Lusitania[12] el nombre mío,
donde será escuchado, yo lo fío[13]».

32

En fin, en esta tela artificiosa
toda la historia estaba figurada 250
que en aquella ribera deleitosa
de Nemoroso fue tan celebrada,
porque de todo aquesto y cada cosa
estaba Nise ya tan informada
que, llorando el pastor, mil veces ella 255
se enterneció escuchando su querella;

---

[12] *Lusitania:* Portugal, la patria de Isabel Freyre.
[13] *lo fío:* lo prometo.

Tirreno y Alcino, dos pastores idealizados, exaltan, alternadamente, la belleza de sus amadas ninfas Flérida y Filis. El mundo sólo tiene sentido si Flérida o Filis lo miran. Así pues, podríamos decir que es la mirada femenina la que crea las cosas.

39

TIRRENO

Flérida, para mí dulce y sabrosa 305
más que la fruta del cercado ajeno,
más blanca que la leche y más hermosa
que el prado por abril de flores lleno:
si tú respondes pura y amorosa
al verdadero amor de tu Tirreno, 310
a mi majada[14] arribarás primero
quel cielo nos amuestre[15] su lucero.

40

ALCINO

Hermosa Filis, siempre yo te sea
amargo al gusto más que la retama,
y de ti despojado yo me vea 315
cual queda el tronco de su verde rama,
si más que yo el murciégalo[16] desea
la oscuridad, ni más la luz desama,

[14] *majada:* donde se reúnen ganado y pastores para pasar la noche.
[15] *amuestre:* muestre.
[16] *murciégalo:* murciélago.

por ver ya el fin de un término tamaño,
deste día, para mí mayor que un año. 320

41
TIRRENO

Cual suele, acompañada de su bando,
aparecer la dulce primavera,
cuando Favonio y Céfiro[17], soplando,
al campo tornan su beldad primera
y van artificiosos esmaltando 325
de rojo, azul y blanco la ribera:
en tal manera, a mí Flérida mía
viniendo, reverdece mi alegría.

42
ALCINO

¿Ves el furor del animoso viento
embravecido en la fragosa sierra 330
que los antigos robles ciento a ciento
y los pinos altísimos atierra[18],
y de tanto destrozo aun no contento,
al espantoso mar mueve la guerra?
Pequeña es esta furia comparada 335
a la de Filis con Alcino airada.

---

[17] *Favonio y Céfiro:* vientos suaves.
[18] *atierra:* tira por tierra.

43
TIRRENO

El blanco trigo multiplica y crece;
produce el campo en abundancia tierno
pasto al ganado; el verde monte ofrece
a las fieras salvajes su gobierno; 340
adoquiera que miro, me parece
que derrama la copia todo el cuerno[19]:
mas todo se convertirá en abrojos
si dello aparta Flérida sus ojos.

44
ALCINO

De la esterilidad es oprimido 345
el monte, el campo, el soto y el ganado;
la malicia del aire corrompido
hace morir la hierba mal su grado[20],
las aves ven su descubierto nido
que ya de verdes hojas fue cercado: 350
pero si Filis por aquí tornare,
hará reverdecer cuanto mirare.

[19] *la copia todo el cuerno:* el cuerno de la abundancia.
[20] *mal su grado:* a su pesar.

45

TIRRENO

El álamo de Alcides[21] escogido
fue siempre, y el laurel del rojo Apolo[22];
de la hermosa Venus fue tenido 355
en precio y en estima el mirto solo;
el verde sauz[23] de Flérida es querido
y por suyo entre todos escogiólo[24]:
doquiera que sauces de hoy más se hallen,
el álamo, el laurel y el mirto callen. 360

46

ALCINO

El fresno por la selva en hermosura
sabemos ya que sobre todos vaya;
y en aspereza y monte despesura
se aventaja la verde y alta haya;
mas el que la beldad de tu figura 365
dondequiera mirado, Filis, haya,
al fresno y a la haya en su aspereza
confesará que vence tu belleza.

---

21 *Alcides:* Hércules.
22 *Apolo:* el sol.
23 *sauz:* sauce.
24 *escogiólo:* lo escogió.

47

Esto cantó Tirreno, y esto Alcino
le respondió, y habiendo ya acabado 370
el dulce son, siguieron su camino
con paso un poco más apresurado;
siendo a las ninfas ya el rumor vecino,
juntas se arrojan por el agua a nado,
y de la blanca espuma que movieron 375
las cristalinas ondas se cubrieron.

Fray Luis de León (1527-1591)

Fray Luis de León fue catedrático de la Universidad de Salamanca. Por haber traducido el *Cantar de los Cantares* al castellano, a instancias de su prima, la monja Isabel de Osorio, fue perseguido por la Inquisición, teniendo que sufrir las penalidades de la cárcel durante casi cinco años. Cuando se reincorporó a su cátedra pronunció las célebres palabras: «Decíamos ayer», que eran un punto y seguido, o quizás un paréntesis, entre su profesión y su prisión injusta.

Todas las obras de Fray Luis tienden a expresar una serenidad de ánimo, que el poeta está lejos de sentir.

El poema que aquí presentamos exalta la música de Francisco de Salinas, organista ciego, catedrático de música de la Universidad de Salamanca y amigo del poeta. Cuando suena la música de Salinas el aire se hace luz y el alma recuerda haber vivido ya, en una vida anterior, la felicidad del Paraíso. Así pues, al escuchar Fray Luis la música sublime del amigo, su alma se remonta en un vuelo imaginativo al cielo y allí ve a Dios y oye la música de las esferas, la que preside el orden del universo y la que ningún mortal puede oír.

[19]

A Francisco de Salinas

El aire se serena
y viste de hermosura y luz no usada[1],
Salinas, cuando suena
la música extremada[2],
por vuestra sabia mano gobernada. 5
A cuyo son divino
el alma, que en olvido está sumida,
torna a cobrar el tino[3]
y memoria perdida,
de su origen primera[4] esclarecida. 10

[1] *luz no usada:* por estrenar, nuevecita.
[2] *extremada:* la mejor.
[3] *tino:* sentido, juicio.
[4] *primera:* primero.

Y como se conoce,
en suerte y pensamiento se mejora;
el oro desconoce,
que el vulgo[5] vil adora,
la belleza caduca[6], engañadora. 15

Traspasa el aire todo
hasta llegar a la más alta esfera,
y oye allí otro modo
de no perecedera[7]
música, que es la fuente y la primera. 20

Ve cómo el gran Maestro,
a aquesta[8] inmensa cítara aplicado,
con movimiento diestro
produce el son sagrado,
con que este eterno templo es sustentado. 25

Y como está compuesta
de números concordes, luego envía
consonante respuesta;
y entrambas[9] a porfía
mezclan una dulcísima armonía. 30

Aquí la alma[10] navega
por un mar de dulzura y finalmente,
en él así se anega,
que ningún accidente
extraño y peregrino oye o siente[11]. 35

---

5 *vulgo:* la gente corriente.
6 *caduca:* que dura poco.
7 *no perecedera:* que no muere.
8 *aquesta:* esta.
9 *entrambas:* ambas.
10 *la alma:* el alma.
11 *que ningún accidente / extraño y peregrino oye o siente:* ningún suceso exterior puede perturbar la concentración y la paz del alma.

¡Oh, desmayo dichoso!
¡Oh, muerte que das vida! ¡Oh, dulce olvido!
¡Durase en tu reposo,
sin ser restituido
jamás aqueste[12] bajo y vil sentido! 40
¡A este bien os llamo,
gloria del apolíneo[13] sacro coro,
amigos (a quien amo
sobre todo tesoro),
que todo lo visible es triste lloro! 45
¡Oh!, suene de contino[14],
Salinas, vuestro son en mis oídos,
por quien al bien divino
despiertan los sentidos,
quedando a lo demás adormecidos. 50

---

[12] *aqueste:* este.
[13] *apolíneo:* perteneciente a Apolo, dios de la música.
[14] *de contino:* continuamente.

San Juan de la Cruz (1542-1591)

San Juan de la Cruz, en verso, y Santa Teresa, en prosa, son las cimas místicas de la literatura española. San Juan sabe fundir en su pluma las influencias bíblicas del *Cantar de los Cantares* y las innovaciones métricas y amorosas de Garcilaso de la Vega.

El *Cántico espiritual* es tal vez el mejor poema de la literatura española. Puede interpretarse de dos formas complementarias: plenitud del amor entre los esposos o plenitud mística; esto es, el alma busca y se funde con su esposo, que no es otro sino el propio Dios.

La lira, estrofa en la que está escrito el poema, se aviene muy bien al ritmo entrecortado y de contrastes, propio del amor en su movimiento alternado de pasión y de sosiego.

[20]

Cántico espiritual

[ESPOSA]

¿Adónde te escondiste, 1
Amado, y me dejaste con gemido?
Como el ciervo huiste,
habiéndome herido;
salí tras ti, clamando, y eras ido.

Pastores, los que fuerdes[1] 2
allá, por las majadas[2], al otero[3],
si por ventura vierdes[4]
aquel que yo más quiero,
decidle que adolezco[5], peno y muero.

---

[1] *fuerdes:* fuerais.
[2] *majadas:* lugares donde se recogen el pastor y el ganado por la noche.
[3] *otero:* monte pequeño.
[4] *vierdes:* vierais.
[5] *adolezco:* estoy enfermo.

Buscando mis amores, 3
iré por esos montes y riberas;
ni cogeré las flores,
ni temeré las fieras,
y pasaré los fuertes[6] y fronteras.

[PREGUNTA A LAS CRIATURAS]

¡Oh bosques y espesuras, 4
plantadas por la mano del Amado!
¡Oh prado de verduras[7],
de flores esmaltado,
decid si por vosotros ha pasado!

[RESPUESTA DE LAS CRIATURAS]

Mil gracias derramando, 5
pasó por estos sotos[8] con presura,
y yéndolos mirando,
con sola su figura
vestidos los dejó de hermosura.

[ESPOSA]

¡Ay, quién podrá sanarme! 6
Acaba de entregarte ya de vero[9];
no quieras enviarme

[6] *fuertes:* lugares fortificados.
[7] *verduras:* hierbas verdes.
[8] *sotos:* bosques.
[9] *de vero:* de verdad.

de hoy más ya mensajero,
que no saben decirme lo que quiero.

Y todos cuantos vagan[10], 7
de ti me van mil gracias refiriendo.
Y todos más me llagan[11],
y déjame muriendo
un no sé qué que quedan balbuciendo.

Mas ¿cómo perseveras, 8
oh vida, no viviendo donde vives,
y haciendo porque mueras,
las flechas que recibes,
de lo que del Amado en ti concibes?

¿Por qué, pues has llagado[12] 9
aqueste[13] corazón, no le sanaste?
Y pues me le has robado,
¿por qué así le dejaste,
y no tomas el robo que robaste?

Apaga mis enojos, 10
pues que ninguno basta a deshacellos[14]
y véante mis ojos,
pues eres lumbre dellos,
y sólo para ti quiero tenellos[15].

---

[10] *vagan:* pasan.
[11] *llagan:* lastiman, hieren.
[12] *llagado:* herido.
[13] *aqueste:* este.
[14] *deshacellos:* deshacerlos.
[15] *tenellos:* tenerlos.

Descubre tu presencia, 11
y máteme tu vista y hermosura;
mira que la dolencia
de amor, que no se cura
sino con la presencia y la figura.

¡Oh cristalina fuente, 12
si en esos tus semblantes[16] plateados,
formases de repente
los ojos deseados,
que tengo en mis entrañas dibujados!

¡Apártalos, Amado, 13
que voy de vuelo!

[Esposo]

Vuélvete, paloma,
que el ciervo vulnerado[17]
por el otero asoma,
al aire de tu vuelo, y fresco toma.

[Esposa]

¡Mi Amado, las montañas, 14
los valles solitarios nemorosos[18],

---

16 *semblantes:* apariencias, lienzos por pintar.
17 *vulnerado:* herido.
18 *nemorosos:* cubiertos de bosque.

las ínsulas[19] extrañas,
los ríos sonorosos[20],
el silbo[21] de los aires amorosos;

la noche sosegada 15
en par de los levantes de la aurora[22],
la música callada,
la soledad sonora,
la cena que recrea y enamora.

Cogednos las raposas[23], 16
que está ya florecida nuestra viña,
en tanto que de rosas
hacemos una piña[24],
y no parezca nadie en la montiña[25].

Detente, cierzo[26] muerto; 17
ven, austro[27], que recuerdas[28] los amores,
aspira por mi huerto,
y corran sus olores,
y pacerá el Amado entre las flores.

---

19 *ínsulas:* islas.
20 *sonorosos:* sonoros.
21 *silbo:* ruido agudo que hace el aire.
22 *en par de los levantes de la aurora:* noche clara, parecida al amanecer.
23 *raposas:* zorras.
24 *piña:* un ramillete.
25 *montiña:* monte.
26 *cierzo:* viento del norte.
27 *austro:* viento del sur.
28 *recuerdas:* despiertas.

¡Oh ninfas de Judea!, 18
en tanto que en las flores y rosales
el ámbar perfumea[29],
morá[30] en los arrabales,
y no queráis tocar nuestros umbrales.

Escóndete, Carillo[31], 19
y mira con tu haz a las montañas,
y no quieras decillo[32];
mas mira las compañas[33]
de la que va por ínsulas extrañas.

[ESPOSO]

A las aves ligeras, 20
leones, ciervos, gamos saltadores,
montes, valles, riberas,
aguas, aires, ardores
y miedos de las noches veladores,

por las amenas liras 21
y canto de serenas[34] os conjuro
que cesen vuestras iras
y no toquéis al muro,
porque la esposa duerma más seguro.

[29] *perfumea:* perfuma.
[30] *morá:* morad.
[31] *Carillo:* cariño, amante.
[32] *decillo:* decirlo.
[33] *compañas:* compañía.
[34] *serenas:* sirenas.

Entrado se ha[35] la esposa — 22
en el ameno huerto deseado,
y a su sabor reposa,
el cuello reclinado
sobre los dulces brazos del Amado.

Debajo del manzano, — 23
allí conmigo fuiste desposada,
allí te di la mano,
y fuiste reparada[36]
donde tu madre fuera violada[37].

[ESPOSA]

Nuestro lecho florido, — 24
de cuevas de leones enlazado,
en púrpura tendido,
de paz edificado,
de mil escudos de oro coronado.

A zaga de tu huella[38], — 25
las jóvenes discurren[39] al camino
al toque de centella[40],

[35] *entrado se ha:* ha entrado.
[36] *reparada:* redimida.
[37] *violada:* violentada (se refiere a Eva al comer de la manzana).
[38] *A zaga de tu huella:* siguiendo tus huellas.
[39] *discurren:* andan, corren.
[40] *centella:* chispa, rayo.

al adobado[41] vino,
emisiones de bálsamo[42] divino.

En la interior bodega 26
de mi amado bebí, y cuando salía
por toda aquesta[43] vega,
ya cosa[44] no sabía,
y el ganado perdí que antes seguía.

Allí me dio su pecho, 27
allí me enseñó ciencia muy sabrosa,
y yo le di de hecho
a mí, sin dejar cosa,
allí le prometí de ser su esposa.

Mi alma se ha empleado, 28
y todo mi caudal en su servicio;
ya no guardo ganado,
ni ya tengo otro oficio,
que ya sólo en amar es mi ejercicio.

Pues ya si en el ejido[45] 29
de hoy más no fuere[46] vista ni hallada,
diréis que me he perdido;
que andando enamorada,
me hice perdidiza, y fui ganada.

---

[41] *adobado:* vino cocido con especias.
[42] *bálsamo:* medicamento aromático.
[43] *aquesta:* esta.
[44] *cosa:* nada.
[45] *ejido:* tierra donde pasta el ganado.
[46] *fuere:* fuera.

De flores y esmeraldas, 30
en las frescas mañanas escogidas,
haremos las guirnaldas
en tu amor florecidas,
y en un cabello mío entretejidas.

En solo aquel cabello 31
que en mi cuello volar consideraste,
mirástele en mi cuello,
y en él preso quedaste,
y en uno de mis ojos te llagaste[47].

Cuando tú me mirabas, 32
tu gracia en mí tus ojos imprimían;
por eso me adamabas[48],
y en eso merecían
los míos adorar lo que en ti vían[49].

No quieras despreciarme, 33
que si color moreno en mí hallaste,
ya bien puedes mirarme,
después que me miraste,
que gracia y hermosura en mí dejaste.

---

47 *llagaste:* heriste.
48 *adamabas:* amabas.
49 *vían:* veían.

[ESPOSO]

La blanca palomica 34
al arca con el ramo se ha tornado,
y ya la tortolica
al socio[50] deseado
en las riberas verdes ha hallado.

En soledad vivía, 35
y en soledad ha puesto ya su nido,
y en soledad la guía
a solas su querido,
también en soledad de amor herido.

[ESPOSA]

Gocémonos, Amado, 36
y vámonos a ver en tu hermosura
al monte o al collado[51],
do[52] mana el agua pura,
entremos más adentro en la espesura.

Y luego a las subidas 37
cavernas de la piedra nos iremos,
que están bien escondidas,
y allí nos entraremos,
y el mosto[53] de granadas gustaremos.

---

[50] *socio:* compañero en el amor.
[51] *collado:* paso para atravesar la sierra.
[52] *do:* donde.
[53] *mosto:* zumo.

Allí me mostrarías 38
aquello que mi alma pretendía,
y luego me darías
allí tú, vida mía,
aquello que me diste el otro día.

El aspirar del aire, 39
el canto de la dulce filomena[54],
el soto y su donaire[55],
en la noche serena
con llama que consume y no da pena.

Que nadie lo miraba, 40
Aminadab[56] tampoco parecía,
y el cerco[57] sosegaba,
y la caballería
a vista de las aguas descendía.

---

[54] *filomena:* ruiseñor.
[55] *el soto y su donaire:* el bosque y su elegancia o belleza.
[56] *Aminadab:* rey que aparece en la Biblia.
[57] *cerco:* muro.

Luis de Góngora (1561-1627)

Luis de Góngora es un profundo renovador de la lengua española. Su obra obedece a dos tendencias opuestas: una clara y accesible, otra oscura y difícil. Fue por esta segunda actitud por la que permaneció tres siglos olvidado, hasta que la generación del 27 lo consagró como poeta eminente.

Entre sus sonetos destaca el que comienza: «Mientras por competir con tu cabello» que exalta el tema renacentista del *carpe diem:* aprovecha el tiempo ahora que eres joven, porque luego llegará la vejez y la muerte.

[21]

Mientras por competir con tu cabello

Mientras por competir con tu cabello,
oro bruñido al sol relumbra en vano,
mientras con menosprecio en medio el llano
mira tu blanca frente el lilio[1] bello;

mientras a cada labio, por cogello[2], 5
siguen más ojos que al clavel temprano,
y mientras triunfa con desdén lozano
del luciente cristal tu gentil cuello;

goza cuello, cabello, labio y frente,
antes que lo que fue en tu edad dorada 10
oro, lilio, clavel, cristal luciente,

no solo en plata o vïola[3] troncada[4]
se vuelva, mas tú y ello juntamente
en tierra, en humo, en polvo, en sombra, en nada.

1 *lilio:* lirio.
2 *cogello:* cogerlo.
3 *viola:* violeta.
4 *troncada:* truncada, marchita.

[22]

Fábula de Polifemo y Galatea

Luis de Góngora acomete la ingente tarea de crear una lengua propia, que sirva sólo a la comunicación poética. Esta transformación sistemática de la realidad la lleva a cabo sobre todo con el uso abundante de la metáfora y del hipérbaton latino. Dos poemas extensos *Soledades* (obra que no llegó a terminar) y *Fábula de Polifemo y Galatea* son la cima barroca del cultismo o culteranismo.

El *Polifemo* consta de 63 octavas reales trabajadas con el esmero de un orfebre, donde cada palabra está elegida a conciencia. Puesto que la lectura del poema entraña todo tipo de dificultades, dividiremos los fragmentos seleccionados en bloques significativos y nos limitaremos a dar una versión sintética y aproximativa.

Los fragmentos que titulamos los transcribimos primero y los explicamos después. De esta suerte una primera lectura va fijando el ritmo de la estrofa que, como en el caso de un río, nos empapa de un rumor placentero. Ya nos hundiremos luego en sus significados.

Da comienzo la acción

4

Donde espumoso el mar siciliano 25
el pie argenta de plata al Lilibeo,
(bóveda o de las fraguas de Vulcano,
o tumba de los huesos de Tifeo),
pálidas señas cenizoso un llano,

—cuando no del sacrílego deseo— 30
del duro oficio da. Allí una alta roca
mordaza es a una gruta, de su boca.

La acción se sitúa en Sicilia: Un volcán plateado por las espumas del mar, debajo del cual estuvo la herrería del dios Vulcano; una roca tapa como mordaza la cueva del gigante.

Descripción de la cueva del gigante Polifemo

5

Guarnición tosca de este escollo duro
troncos robustos son, a cuya greña
menos luz debe, menos aire puro 35
la caverna profunda, que a la peña;
caliginoso lecho, el seno obscuro
ser de la negra noche nos lo enseña
infame turba de nocturnas aves,
gimiendo tristes y volando graves. 40

6

De este, pues, formidable de la tierra
bostezo, el melancólico vacío
a Polifemo, horror de aquella sierra,
bárbara choza es, albergue umbrío
y redil espacioso donde encierra 45
cuanto las cumbres ásperas cabrío,
de los montes esconde: copia bella
que un silbo junta y un peñasco sella.

Una espesura de troncos y ramajes oscurece la cueva, que es de por sí más negra que boca de lobo. Aves de mal agüero gimen allí.

La cueva de Polifemo es un gigantesco bostezo de la tierra, donde el cíclope (terror de aquellas sierras) encierra inmensa cantidad de cabras.

RETRATO DEL CÍCLOPE

7

Un monte era de miembros eminente
este que (de Neptuno hijo fiero) 50
de un ojo ilustra el orbe de su frente,
émulo casi del mayor lucero;
cíclope a quien el pino más valiente
bastón le obedecía tan ligero,
y al grave peso junco tan delgado, 55
que un día era bastón y otro cayado.

8

Negro el cabello, imitador undoso
de las obscuras aguas del Leteo,
al viento que lo peina proceloso
vuela sin orden, pende sin aseo; 60
un torrente es su barba, impetüoso
que (adusto hijo de este Pirineo)
su pecho inunda, o tarde, o mal, o en vano
surcada aun de los dedos de su mano.

9

No la Trinacria en sus montañas, fiera 65
armó de crüeldad, calzó de viento,
que redima feroz, salve ligera
su piel manchada de colores ciento:
pellico es ya la que en los bosques era
mortal horror al que con paso lento 70
los bueyes a su albergue reducía,
pisando la dudosa luz del día.

Polifemo es un monte de miembros, su cara vale un mundo y su único ojo es comparable al sol. Su fuerza es tan descomunal que se apoya en un pino gigantesco y lo dobla como si fuera un junco.

Sus cabellos son desordenados y oscuros como el río del olvido. Sus barbas, también enmarañadas, caen sobre el pecho a manera de torrente indomable.

Polifemo es más cruel y veloz que todas las fieras de Sicilia, esas que aterrorizaban a los labradores al regresar de tarde a sus casas. Y tras matar a sus presas, el gigante vestía las pieles manchadas de cien colores.

Retrato de Galatea

13

Ninfa, de Doris hija, la más bella,
adora, que vio el reino de la espuma.
Galatea es su nombre, y dulce en ella
el terno Venus de sus Gracias suma. 100
Son una y otra luminosa estrella
lucientes ojos de su blanca pluma:

Si roca de cristal no es de Neptuno,
pavón de Venus es, cisne de Juno.

14

Purpúreas rosas sobre Galatea 105
la Alba entre lilios cándidos deshoja:
duda el Amor cuál más su color sea,
o púrpura nevada, o nieve roja.
De su frente la perla es, eritrea,
émula vana. El ciego dios se enoja, 110
y, condenado su esplendor, la deja
pender en oro al nácar de su oreja.

El tremendo gigante ama ¡quién lo hubiera dicho! a Galatea, la ninfa más bella que ha visto el reino de la espuma. Los ojos de la ninfa son dos luminosas estrellas y su piel es blanca y brillante como el cisne o el pavo real.

Su cara florece en rojo y blanco, que se combinan y armonizan de tal modo que ya no se sabe si la nieve es roja o la púrpura blanca. La frente es más blanca y brillante que la mejor perla de Eritrea, por lo que el amor deja que las perlas adornen, en forma de pendientes, las orejas de la ninfa.

Venganza del gigante y muerte de Acis

62

Con vïolencia desgajó infinita
la mayor punta de la excelsa roca, 490
que al joven, sobre quien la precipita,
urna es mucha, pirámide no poca.

Con lágrimas la ninfa solicita
las deidades del mar, que Acis invoca:
concurren todas, y el peñasco duro 495
la sangre que exprimió, cristal fue puro.

63

Sus miembros lastimosamente opresos
del escollo fatal fueron apenas,
que los pies de los árboles más gruesos
calzó el líquido aljófar de sus venas. 500
Corriente plata al fin sus blancos huesos,
lamiendo flores y argentando arenas,
a Doris llega que, con llanto pío,
yerno lo saludó, lo aclamó río.

Cuando Polifemo descubre el amor entre Galatea y el joven pastor Acis, se llena de furia y, con esfuerzo enorme, arranca un peñasco y con él aplasta al rival amoroso. Los dioses marinos, compadecidos, transforman la sangre del joven en agua cristalina.

La sangre y los huesos de Acis terminan por convertirse en río que desemboca en el mar, donde Doris, la madre de Galatea, lo acoge como a yerno y como a dios.

Lope de Vega (1562-1635)

Félix Lope de Vega y Carpio fue conocido por los sobrenombres de Monstruo de la Naturaleza y el Fénix de los Ingenios, debido a su enorme facultad creativa: escribió unas 1.800 obras de teatro, varios miles de versos, novelas y numerosas cartas. Tuvo varios amores y amoríos, fue sacerdote y tuvo que desarrollar su misión social. Llegó a ser tan famoso que los comerciantes que querían encarecer sus mercancías las pregonaban como si fueran de Lope. Supo literaturizar, minuto a minuto, su propia vida, que no era precisamente rutinaria y limitada.

«Pasan las horas de la edad florida» es un verso armonioso, que se fija muy bien en la memoria, gracias a la alternancia de sílabas acentuadas y átonas. Este vaivén rítmico marcará el contraste entre la juventud, edad de la pasión y de la ignorancia, y la vejez, edad del conocimiento, pero también del acabamiento. Por ello el poeta añora la juventud imposible: la que estaría acompañada de pasión, pero también de sabiduría.

[23]

Pasan las horas de la edad florida

Pasan las horas de la edad florida,
como suele escribir renglón de fuego
cometa por los aires encendida.
Viene la edad mayor, y viene luego,
tal es su brevedad, y finalmente 5
pone templanza al varonil sosiego.
Mas cuando un hombre de sí mismo siente
que sabe alguna cosa, y que podría
comenzar a escribir más cuerdamente,
ya se acaba la edad, y ya se enfría 10
la sangre, el gusto, y la salud padece
avisos varios que la muerte envía.
De suerte que la edad, cuando florece,
no sabe aquello que adquirió pasando,
y cuando supo más, desaparece. 15
¡Oh quién pudiera recoger, rasgando,
tanto escrito papel, pues cuando un hombre
comenzara mejor, está acabando!

Andrés Fernández de Andrada (1575-1648)

Andrés Fernández de Andrada fue capitán del ejército español y habiendo nacido en Sevilla, fue a morir en la mayor pobreza en México.

La *Epístola moral a Fabio* es la única obra suya que se conoce. Sigue las huellas del poeta latino Horacio, para quien el ideal de vida no es la conquista del lujo ni de la fama, sino la *aurea mediocritas* (dorada mediocridad), estado ideal en el que no afecten en exceso ni las alegrías ni las penas. Este programa vital caracteriza el Renacimiento cristiano y el Barroco.

En la *Epístola moral a Fabio,* larga composición en tercetos, estrofa habitual del género epistolar, el autor quiere aleccionar al corregidor de México, Alonso Tello de Guzmán, sobre la inutilidad de sus pretensiones cortesanas. En la corte hay demasiada competitividad para pocos puestos, que no se conceden por méritos, sino por adulación al poderoso, o por muerte del rival. Este ideal de conformarse con lo que se tiene, puede resumirse en el tema, tan frecuente en la literatura, del ruiseñor que ama más la humildad de su nido que el vivir prisionero de unas rejas, aunque éstas sean de oro.

Además, la vida humana es breve como un día, que apenas nace ya se pierde. Por ello, el autor propone la vida callada y sin pretensiones, y ansía una muerte tranquila, no producida por la ambición del conquistador en la guerra.

La conclusión es la renuncia a los bienes terrenales para lograr la serenidad y la salvación en el más allá.

[24]

Epístola moral a Fabio

Fabio, las esperanzas cortesanas
prisiones son do[1] el ambicioso muere
y donde al más activo nacen canas;

el que no las limare o las rompiere
ni el nombre de varón ha merecido,
ni subir al honor que pretendiere.

---

[1] *do:* donde.

El ánimo plebeyo y abatido
procura en sus intentos temeroso
antes estar en suspenso que caído;

que el corazón entero y generoso
al caso adverso inclinará la frente
antes que la rodilla al poderoso.

Más coronas, más triunfos dio al prudente
que supo retirarse, la fortuna,
que al que esperó obstinada y locamente.

Esta invasión terrible e importuna
de contrarios sucesos nos espera
desde el primer sollozo de la cuna.

Dejémosla pasar como a la fiera
corriente del gran Betis[2], cuando airado
dilata hasta los montes su ribera. (1-21)

[...]

Más quiere el ruiseñor su pobre nido
de pluma y leves pajas, más sus quejas
en el bosque repuesto y escondido,

que agradar lisonjero[3] las orejas
de algún príncipe insigne, aprisionado
en el metal de las doradas rejas. (46-51)

[...]

[2] *Betis:* el río Guadalquivir.
[3] *agradar lisonjero:* complacer con mentiras.

Iguala con la vida el pensamiento,
y no le pasarás de hoy a mañana,
ni aun quizá de un momento a otro momento.

Apenas tienes ni una sombra vana
de nuestra antigua Itálica[4], y, ¿esperas?
¡Oh herror perpetuo de la vida humana! (58-63)

[...]

¿Qué es nuestra vida más que un breve día,
do apenas sale el sol, cuando se pierde
en las tinieblas de la noche fría?

¿Qué más que el heno[5], a la mañana verde,
seco a la tarde? ¡Oh ciego desvarío!
¿Será que de este sueño se recuerde?[6]. (67-72)

[...]

¿Piensas acaso tú que fue criado
el varón para el rayo de la guerra,
para sulcar el piélago salado[7],

para medir el orbe de la tierra
y el cerco por do el sol siempre camina?
¡Oh, quien así lo entiende, cuánto yerra!

4 *sombra vana / de nuestra antigua Itálica:* ruinas de la ciudad romana cercana a Sevilla.
5 *heno:* hierba.
6 *de este sueño se recuerde?:* se despierte.
7 *sulcar el piélago salado:* cruzar el mar.

Esta nuestra porción, alta y divina,
a mayores acciones es llamada
y en más nobles objetos se termina. (100-108)

[...]

Quiero, Fabio, seguir a quien me llama,
y callado pasar entre la gente,
que no afecto a los nombres ni a la fama. (115-117)

[...]

Un ángulo me basta entre mis lares[8],
un libro y un amigo, un sueño breve,
que no perturben deudas ni pesares. (127-129)

[...]

Qué muda la virtud por el prudente!
¡Qué redundante y llena de ruïdo
por el vano, ambicioso y aparente!

Quiero imitar al pueblo en el vestido,
en las costumbres sólo a los mejores,
sin presumir de roto y mal ceñido. (163-168)

[...]

Una mediana vida yo posea,
un estilo común y moderado,
que no le note nadie que le vea. (172-174)

[...]

---

8 *Un ángulo entre mis lares:* un rincón familiar.

Sin la templanza, ¿viste tú perfeta[9]
alguna cosa? ¡Oh muerte! Ven callada,
como sueles venir en la saeta;

no en la tonante máquina preñada
de fuego y de rumor; que no es mi puerta
de doblados metales fabricada.

Así, Fabio, me enseña descubierta
su esencia la verdad, y mi albedrío[10]
con ella se compone y se concierta.

No te burles de ver cuánto confío,
ni al arte de decir, vana y pomposa,
el ardor atribuyas de este brío.

¿Es, por ventura, menos poderosa
que el vicio la verdad? ¿O menos fuerte?
No la arguyas[11] de flaca y temerosa. (181-195)

[...]

Ya, dulce amigo, huyo y me retiro
de cuanto simple amé: rompí los lazos;
ven y sabrás al grande fin que aspiro
antes que el tiempo muera en nuestros brazos. (202-205)

---

9 *perfeta:* perfecta.
10 *albedrío:* voluntad.
11 *arguyas:* taches.

Francisco de Quevedo (1580-1645)

Francisco de Quevedo es un ser contradictorio que canta el triunfo del amor sobre la muerte, ataca a la mujer, siguiendo una larga tradición misógina, nos hiela la sangre con sus reflexiones acerca del morir, desciende a la burla de mal gusto o, finalmente, critica la corrupción social. Por criticar al todopoderoso conde-duque de Olivares fue encarcelado, lo que mermó su salud; pasó sus últimos años retirado de la corte.

Tanto en verso como en prosa sabe Quevedo violentar el idioma para extraerle todos sus registros expresivos.

En el soneto «No hay presente, pasado ni futuro», Quevedo compara el tiempo con una casa cerrada a la que es inútil llamar, pues sólo está habitada por el vacío.

El verso «soy un fue, y un será, y un es cansado» resume agónicamente el poder destructor del tiempo.

[25]

No hay presente, pasado ni futuro

«¡Ah de la vida!»[1]. ¿Nadie me responde?
¡Aquí de los antaños[2] que he vivido!
La Fortuna mis tiempos ha mordido;
las Horas mi locura las esconde.

¡Que sin poder saber cómo ni adónde 5
la salud y la edad se hayan huido!
Falta la vida, asiste lo vivido,
y no hay calamidad que no me ronde.

Ayer se fue, Mañana no ha llegado;
Hoy se está yendo sin parar un punto[3]: 10
soy un fue, y un será, y un es cansado[4].

---

[1] *«¡Ah de la vida!»*: en el Siglo de Oro se gritaba esto para que alguien fuera a abrir la puerta.

[2] *antaños:* plural de antaño, el pasado.

[3] *un punto:* un momento.

[4] *soy un fue, y un será, y un es cansado:* Quevedo sustantiva las formas verbales para expresar violentamente el aniquilarse de su ser de hombre.

En el Hoy y Mañana y Ayer, junto
pañales y mortaja, y he quedado
presentes sucesiones de difunto.

En el soneto «Amor constante más allá de la muerte», el poeta viene a decirnos que la muerte podrá cerrarle los ojos y convertir sus huesos en cenizas; pero el fuego del amor traspasará la laguna Estigia y gracias a esas llamas amorosas la muerte tendrá sentido.

[26]

Amor constante más allá de la muerte

Cerrar podrá mis ojos la postrera[1]
sombra que me llevare el blanco día,
y podrá desatar esta alma mía
hora a su afán ansiosa y lisonjera[2];

mas no de esotra[3] parte en la ribera 5
dejará la memoria, en donde ardía:
nadar sabe mi llama el agua fría,
y perder el respeto a ley severa[4].

[1] *postrera:* última.
[2] *lisonjera:* que miente para agradar.
[3] *esotra:* la otra.
[4] *severa:* la de la muerte.

Alma, a quien todo un dios[5] prisión ha sido,
venas, que humor[6] a tanto fuego han dado, 10
medulas, que han gloriosamente ardido[7],

su cuerpo dejará, no su cuidado[8];
serán ceniza, mas tendrá sentido,
polvo serán, mas polvo enamorado.

[5] *dios:* el del amor.
[6] *humor:* sangre.
[7] *han gloriosamente ardido:* han ardido con la gloria del amor.
[8] *cuidado:* preocupación, obsesión.

Sor Juana Inés de la Cruz (México, 1550-1594)

Desde muy niña, Sor Juana fue una ávida lectora. No quiso supeditar su libertad a la voluntad de un esposo y eligió el convento, pues siendo monja tenía más posibilidades de realizar su vocación verdadera: leer y escribir. Fue autora importante tanto en verso como en teatro y su fama llegó hasta España.

Aunque la personalidad de Sor Juana Inés de la Cruz es singular y poderosa, sufrió siglos de olvido. Afortunadamente, desde los estudios del mexicano Octavio Paz su obra ha empezado a valorarse en su dimensión justa.

Las redondillas en las que está escrito el poema siguiente gozaron siempre de fama. En ellas se hace una pintura profunda y muy valiente de los deseos masculinos frente a la mujer. En el poema aparecen dos mitos femeninos: Tais, famosa prostituta de Alejandría, y Lucrecia, dama romana, que se clavó un puñal en el pecho después de ser violada.

[27]

Hombres necios que acusáis

Hombres necios que acusáis
a la mujer sin razón,
sin ver que sois la ocasión
de lo mismo que culpáis;
si con ansia sin igual 5
solicitáis su desdén,
¿por qué queréis que obren bien,
si las incitáis al mal?
Combatís su resistencia,
y luego, con gravedad, 10
decís que fue liviandad
lo que hizo la diligencia.
Parecer quiere el denuedo
de vuestro parecer loco,
al niño que pone el coco 15
y luego le tiene miedo.
Queréis, con presunción necia,
hallar a la que buscáis,
para pretendida, Tais,
y en la posesión, Lucrecia. 20

¿Qué humor puede ser más raro
que el que falto de consejo,
él mismo empaña el espejo,
y siente que no esté claro?
Con el favor y el desdén 25
tenéis condición igual,
quejándoos, si os tratan mal,
burlándoos, si os quieren bien.
Opinión ninguna gana,
pues la que más se recata, 30
si no os admite, es ingrata,
y si os admite, es liviana.
Siempre tan necios andáis
que, con desigual nivel,
a una culpáis por cruel, 35
y a otra por fácil culpáis.
¿Pues cómo ha de estar templada
la que vuestro amor pretende,
si la que es ingrata, ofende,
y la que es fácil, enfada? 40
Mas entre el enfado y pena
que vuestro gusto refiere,
bien haya la que no os quiere
y quejaos en hora buena.
Dan vuestras amantes penas 45
a sus libertades alas,
y después de hacerlas malas,
las queréis hallar muy buenas.
¿Cuál mayor culpa ha tenido
en una pasión errada, 50
la que cae de rogada,
o el que ruega de caído?

¿O cuál es más de culpar,
aunque cualquiera mal haga,
la que peca por la paga, 55
o el que paga por pecar?
¿Pues para qué os espantáis
de la culpa que tenéis?
Queredlas cual las hacéis
o hacedlas cual las buscáis. 60
Dejad de solicitar,
y después, con más razón,
acusaréis la afición
de la que os fuere a rogar.
Bien con muchas armas fundo 65
que lidia vuestra arrogancia,
pues en promesa e instancia,
juntáis diablo, carne y mundo.

José de Espronceda (1808-1842)

José de Espronceda es el mejor representante del Romanticismo; su poesía es solemne y pasional. Idealiza a la mujer y al amor, pero la realidad se encarga de manchar la imagen, y lo que fue fuente cristalina se convierte en torrente y aguas estancadas.

Ofrezco dos muestras de su arte. En primer lugar, un soneto de factura clásica donde se ejemplifica esta lucha entre fantasía y realidad, al tiempo que el poeta constata la total indiferencia del cielo y del mundo ante el dolor humano.

[28]

Marchitas ya las juveniles flores

Marchitas ya las juveniles flores,
nublado el sol de la esperanza mía,
hora tras hora cuento, y mi agonía
crece y mi ansiedad y mis dolores.

Sobre terso cristal, ricos colores 5
pinta alegre, tal vez, mi fantasía,
cuando la dura realidad sombría
mancha el cristal y empaña sus fulgores.

Los ojos vuelvo en incesante anhelo,
y gira en torno indiferente el mundo 10
y en torno gira indiferente el cielo.

A ti las quejas de mi mal profundo,
hermosa sin ventura, yo te envío.
Mis versos son tu corazón y el mío.

En segundo lugar, como lectura obligada, la famosa *Canción del pirata,* que tantas generaciones supieron recitar de memoria. En un tiempo en que, desgraciadamente, existe la piratería internacional, la *Canción del pirata* vuelve a cobrar nuevo protagonismo. Lo que ha cambiado desde entonces es la perspectiva: en el Romanticismo el pirata se consideraba como héroe, por vivir al margen del orden social, que se apoyaba en la hipocresía y lo artificial.

[29]

Canción del pirata

Con diez cañones por banda,
viento en popa, a toda vela,
no corta el mar, sino vuela
un velero bergantín.
Bajel pirata que llaman, 5
por su bravura, el *Temido,*
en todo mar conocido
del uno al otro confín.

La luna en el mar rïela,
en la lona gime el viento, 10
y alza en blando movimiento
olas de plata y azul;
y ve el capitán pirata,
cantando alegre en la popa,
Asia a un lado, al otro Europa, 15
y allá a su frente Estambul:

«Navega, velero mío,
sin temor,
que ni enemigo navío
ni tormenta, ni bonanza 20
tu rumbo a torcer alcanza,
ni a sujetar tu valor.

Veinte presas
hemos hecho
a despecho 25
del inglés,
y han rendido
sus pendones
cien naciones
a mis pies. 30

Que es mi barco mi tesoro,
que es mi dios la libertad,
mi ley, la fuerza y el viento,
mi única patria, la mar.

Allá muevan feroz guerra 35
ciegos reyes
por un palmo más de tierra;
que yo aquí tengo por mío
cuanto abarca el mar bravío,
a quien nadie impuso leyes. 40

Y no hay playa,
sea cualquiera,
ni bandera
de esplendor,

que no sienta 45
mi derecho
y dé pecho
a mi valor.

Que es mi barco mi tesoro,
que es mi dios la libertad, 50
mi ley, la fuerza y el viento,
mi única patria, la mar.

A la voz de "¡barco viene!"
es de ver
cómo vira y se previene 55
a todo trapo a escapar:
que yo soy el rey del mar,
y mi furia es de temer.

En las presas
yo divido 60
lo cogido
por igual;
sólo quiero
por riqueza
la belleza 65
sin rival.

Que es mi barco mi tesoro,
que es mi dios la libertad,
mi ley, la fuerza y el viento,
mi única patria, la mar. 70

¡Sentenciado estoy a muerte!
Yo me río;
no me abandone la suerte,
y al mismo que me condena
colgaré de alguna entena, 75
quizá en su propio navío.

Y si caigo,
¿qué es la vida?
Por perdida
ya la di, 80
cuando el yugo
del esclavo,
como un bravo,
sacudí.

Que es mi barco mi tesoro, 85
que es mi dios la libertad,
mi ley, la fuerza y el viento,
mi única patria, la mar.

Son mi música mejor
aquilones, 90
el estrépito y temblor
de los cables sacudidos,
del negro mar los bramidos
y el rugir de mis cañones.

Y del trueno 95
al son violento,
y del viento
al rebramar,

yo me duermo
sosegado, 100
arrullado
por el mar.

Que es mi barco mi tesoro,
que es mi dios la libertad,
mi ley, la fuerza y el viento, 105
mi única patria, la mar».

Gustavo Adolfo Bécquer (1836-1870)

Junto a Rosalía de Castro, Gustavo Adolfo Bécquer es el mejor representante del Romanticismo tardío. Su fama poética la debe a un libro, cuya popularidad le ha beneficiado y también perjudicado: el titulado *Rimas.* La poesía de Bécquer es sencilla, intimista y altamente sugerente; todo lo contrario del Romanticismo anterior, capitaneado por Espronceda.

La rima se inicia con un fuerte hipérbaton que focaliza el escenario de la acción poética según una técnica de cámara lenta: primero aparece el salón como en un plano general; luego el rincón oscuro, el dueño, la impresión de olvido y, por fin, el instrumento olvidado: el arpa. El símbolo del arpa alude a la dificultad de descubrir al genio, que puede ocultarse en el fondo de cada alma.

[30]

Del salón en el ángulo oscuro

Del salón en el ángulo oscuro,
de su dueña tal vez olvidada,
silenciosa y cubierta de polvo,
veíase el arpa.

¡Cuánta nota dormía en sus cuerdas, 5
como el pájaro duerme en las ramas,
esperando la mano de nieve
que sabe arrancarlas!

¡Ay!, pensé; ¡cuántas veces el genio
así duerme en el fondo del alma 10
y una voz como Lázaro espera
que le diga: «Levántate y anda»!

Ofrezco también otro poema de reconocida fama: el de las golondrinas que vuelven cada año a los mismos nidos, pero los amantes que las vieron, ya no son los mismos; de ahí la paradoja «volverán, pero "no volverán"».

[31]

Volverán las oscuras golondrinas

Volverán las oscuras golondrinas
en tu balcón sus nidos a colgar,
y otra vez con el ala a sus cristales
jugando llamarán.

Pero aquellas que el vuelo refrenaban
tu hermosura y mi dicha a contemplar,
aquellas que aprendieron nuestros nombres...
ésas... ¡no volverán!

Volverán las tupidas madreselvas
de tu jardín las tapias a escalar
y otra vez a la tarde aún mas hermosas,
sus flores abrirán.

Pero aquellas cuajadas de rocío,
cuyas gotas mirábamos temblar
y caer como lágrimas del día...
ésas... ¡no volverán!

Volverán del amor en tus oídos
las palabras ardientes a sonar,
tu corazón de su profundo sueño
tal vez despertará.

Pero mudo y absorto y de rodillas
como se adora a Dios ante su altar,
como yo te he querido... desengáñate,
nadie así te amará.

Rosalía de Castro (1837-1885)

Junto a Bécquer es la cima del Romanticismo, cuando éste ya no estaba de moda. Tres innovaciones poderosas le debemos a Rosalía: feminismo, poesía social y recuperación del gallego, lengua sin uso literario desde la Edad Media.

El feminismo (concepto no acuñado aún en esa época) vincula a Rosalía con Sor Juana Inés de la Cruz. Las mujeres que escribían poesía en el siglo XIX lo hacían siguiendo los modelos que los hombres les asignaban. Consciente de ser distinta, escribe Rosalía: «Daquelas que cantan ás pombas i ás frores / todos din que teñen alma de muller, / pois eu que non as canto, Virxe da Paloma, / ¡ai!, ¿de qué a teréi?» («De aquellas que cantan a las palomas y a las flores / todos dicen que tienen alma de mujer; / pues yo que no las canto, Virgen de la Paloma / ¡ay!, ¿de qué la tendré?»).

En el poema que comienza «Adiós, ríos, adiós, fontes», el personaje se despide de la tierra que lo vio nacer porque no tiene más remedio que emigrar a América. La despedida desgarradora de la mujer y de todas las cosas humildes que representaban su vida, son un duro alegato contra las injusticias sociales. Los abundantes diminutivos, unos propios del gallego como lengua, y otros impregnados de ternura compasiva se confunden y potencian.

[32]

Adiós, ríos; adiós, fontes

Adiós, ríos; adiós, fontes;
adiós, regatos pequenos;
adiós, vista dos meus ollos:
non sei cándo nos veremos.

Miña terra, miña terra, 5
terra donde me eu criéi,
hortiña que quero tanto,
figueiriñas que prantéi,

prados, ríos, arboredas,
pinares que move o vento, 10
paxariños piadores,
casiña do meu contento,

muíño dos castañares,
noites craras de luar,
campaniñas trimbadoras 15
da igrexiña do lugar,

Adiós, ríos; adiós, fuentes;
adiós, riachuelos pequeños;
adiós, vista de mis ojos,
no sé cuándo nos veremos.

Tierra mía, tierra mía, 5
tierra donde me crié,
huerto que quiero yo tanto,
higueras que yo planté,

prados, ríos, arboledas,
pinares que mueve el viento, 10
piadores pajarillos,
casita de mi contento,

molino en los castañares,
noches claras, luz lunar,
campanillas timbradoras 15
de la iglesia del lugar,

amoriñas das silveiras
que eu lle daba ó meu amor,
camiñiños antre o millo,
¡adiós, para sempre adiós! 20

¡Adiós, groria! ¡Adiós, contento!
¡Deixo a casa onde nacín,
deixo a la aldea que conoso
por un mundo que non vin!

Deixo amigos por estraños, 25
deixo a veiga polo mar,
deixo, en fin, canto ben quero...
¡Quén pudera no o deixar...!
....

Mais son probe e, ¡mal pecado!,
a miña terra n'é miña, 30
que hastra lle dan de prestado
a beira por que camiña
ó que nacéu desdichado.

Téñovos, pois, que deixar,
hortiña que tanto améi, 35
forgueiriña do meu lar,
arboriños que prantéi,
fontiña do cabañar.

Adiós, adiós, que me vou,
herbiñas do camposanto 40
donde meu pai se enterróu,
herbiñas que biquéi tanto,
terriña que nos crióu.

morillas de los zarzales
que yo le daba a mi amor,
caminos entre maizales,
¡adiós, para siempre adiós! 20

¡Adiós, gloria! ¡Adiós, contento!
¡Dejo casa en que nací,
dejo aldea que conozco
por un mundo que no vi!

Dejo amigos por extraños, 25
dejo vega por el mar,
dejo, en fin, cuanto bien quiero...
¡Quién pudiera no dejar...!
....

Mas soy pobre y, ¡qué desgracia!,
ni mi tierra es ya mía, 30
que hasta le dan de prestado
el camino que camina
al que nació desgraciado.

Os tengo, pues, que dejar,
huerta que tanto yo amé, 35
hoguera de mi hogar,
arbolillos que planté,
y fuente del cabañal.

Adiós, adiós que me voy,
yerbitas del camposanto 40
que a mi padre suelo dio,
yerbas que yo besé tanto,
y tierra que os crió.

Adiós, Virxe da Asunción,
branca como un serafín: 45
lévovos no corasón;
pedídelle a Dios por min,
miña Virxe da Asunción.

Xa se oien lonxe, moi lonxe,
as campanas do Pomar; 50
para min, ¡ay!, coitadiño,
nunca máis han de tocar.

Xa se oien lonxe, máis lonxe...
Cada balada é un dolor;
voume soio, sin arrimo... 55
Miña terra, ¡adiós!, ¡adiós!

¡Adiós tamén, queridiña...!
¡Adiós por sempre quizáis...!
Dígoche este adiós chorando
desde a beiriña do mar. 60

Non me olvides, queridiña,
si morro de soidás...
tantas légoas mar adentro...
¡Miña casiña!, ¡meu lar!

Adiós, Virgen de la Asunción,
blanca como un serafín: 45
os llevo en el corazón;
a Dios pedidle por mí,
mi Virgen de la Asunción.

Ya se oyen lejos, muy lejos,
las campanas del Pomar; 50
para mí, ¡ay!, desgraciado,
nunca más han de tocar.

Ya se oyen lejos, más lejos...
Cada tañido un dolor;
me voy solo, sin arrimo... 55
Tierra mía, ¡adiós!, ¡adiós!

¡Adiós también, vida mía...!
¡Adiós por siempre quizás...!
Te digo este adiós llorando
desde la orilla del mar. 60

No me olvides, vida mía,
si muero de soledad...
tantas leguas mar adentro...
¡Mi casa mía!, ¡mi lar!

Rubén Darío (1867-1916)

Rubén Darío renueva desde América la poesía española de fines del siglo XIX y su huella se adentra en el siglo XX. Esta renovación afecta tanto a la temática como a la forma.

En «Canción de otoño en primavera», el poeta repasa con melancolía sus amores diversos. Al parecer es siempre la amada, con su pasión desmedida, la que mata la felicidad en el poeta. Pero, a pesar de múltiples desengaños, el poeta busca, ya viejo, nuevas aventuras. El estribillo en el que se invoca la juventud perdida va intensificando su añoranza a medida que vamos conociendo mejor el corazón del amante. Y, contra lo esperable, la afirmación final «¡Mas es mía el Alba de oro!» hace triunfar la sensualidad sobre el tiempo y sus estragos.

[33]

Canción de otoño en primavera

Juventud, divino tesoro,
¡ya te vas para no volver!
Cuando quiero llorar, no lloro...
y a veces lloro sin querer...

Plural ha sido la celeste 5
historia de mi corazón.
Era una dulce niña, en este
mundo de duelo y aflicción.

Miraba como el alba pura;
sonreía como una flor. 10
Era su cabellera obscura
hecha de noche y de dolor.

Yo era tímido como un niño.
Ella, naturalmente, fue,
para mi amor hecho de armiño, 15
Herodías y Salomé...[1].

Juventud, divino tesoro,
¡ya te vas para no volver!
Cuando quiero llorar, no lloro...
y a veces lloro sin querer... 20

[1] *Herodías y Salomé:* esposa e hija del rey Herodes que causaron la muerte de Juan el Bautista.

La otra fue más sensitiva,
y más consoladora y más
halagadora y expresiva,
cual no pensé encontrar jamás.

Pues a su continua ternura 25
una pasión violenta unía.
En un peplo[2] de gasa pura
una bacante[3] se envolvía...

En sus brazos tomó mi ensueño
y lo arrulló como a un bebé... 30
Y le mató, triste y pequeño
falto de luz, falto de fe...

Juventud, divino tesoro,
¡te fuiste para no volver!
Cuando quiero llorar, no lloro... 35
y a veces lloro sin querer...

Otra juzgó que era mi boca
el estuche de su pasión;
y que me roería, loca,
con sus dientes el corazón, 40

poniendo en un amor de exceso
la mira de su voluntad,
mientras eran abrazo y beso
síntesis de la eternidad;

---

2 *peplo:* túnica femenina griega.
3 *bacante:* mujer que acompaña al dios Baco en sus orgías.

y de nuestra carne ligera 45
imaginar siempre un Edén,
sin pensar que la Primavera
y la carne acaban también...

Juventud, divino tesoro,
¡ya te vas para no volver! 50
Cuando quiero llorar, no lloro...
y a veces lloro sin querer...

¡Y las demás!, en tantos climas,
en tantas tierras, siempre son,
si no pretexto de mis rimas, 55
fantasmas de mi corazón.

En vano busqué a la princesa
que estaba triste de esperar.
La vida es dura. Amarga y pesa.
¡Ya no hay princesa que cantar! 60

Mas a pesar del tiempo terco,
mi sed de amor no tiene fin;
con el cabello gris me acerco
a los rosales del jardín...

Juventud, divino tesoro, 65
¡ya te vas para no volver!
Cuando quiero llorar, no lloro...
y a veces lloro sin querer...

¡Mas es mía el Alba de oro!

Antonio Machado (1875-1939)

Tres aspectos hay que destacar en la poesía de Antonio Machado: el simbolismo interior de *Soledades, Galerías y otros poemas,* el descriptivismo de *Campos de Castilla* y el tono sentencioso y filosófico de sus *Proverbios y Cantares.*

El poema «Campos de Soria» actúa como puente entre ambos paisajes. La confusión conceptual entre el dentro del alma y el fuera de la tierra, se justifica porque, para bien y para mal, en Soria fue donde Machado se enamoró.

Se trata de un largo poema donde el motivo central es la exaltación de Soria, tierra importante en otro tiempo, pero venida a menos. La nieve invernal cubre la tierra como una mortaja, aunque siempre hay la posibilidad —al menos para los jóvenes— de soñar el amor. Los personajes que se divisan a lo lejos no pasan de ser figurillas de un teatro de guiñol; esto es, no llegan a ser verdaderas personas.

[34]

Campos de Soria

I

Es la tierra de Soria árida y fría.
Por las colinas y las sierras calvas,
verdes pradillos, cerros cenicientos,
la primavera pasa
dejando entre las hierbas olorosas 5
sus diminutas margaritas blancas.

La tierra no revive, el campo sueña.
Al empezar abril está nevada
la espalda del Moncayo;
el caminante lleva en su bufanda 10

envueltos cuello y boca, y los pastores
pasan cubiertos con sus luengas[1] capas.

II

Las tierras labrantías,
como retazos de estameñas[2] pardas,
el huertecillo, el abejar, los trozos 15
de verde obscuro en que el merino[3] pasta,
entre plomizos peñascales, siembran
el sueño alegre de infantil Arcadia.
En los chopos lejanos del camino,
parecen humear las yertas ramas 20
como un glauco[4] vapor —las nuevas hojas—
y en las quiebras de valles y barrancas
blanquean los zarzales florecidos,
y brotan las violetas perfumadas.

III

Es el campo undulado, y los caminos 25
ya ocultan los viajeros que cabalgan
en pardos borriquillos,
ya al fondo de la tarde arrebolada
elevan las plebeyas figurillas,
que el lienzo de oro del ocaso manchan. 30

---

1 *luengas:* largas.
2 *estameña:* lana ordinaria.
3 *merino:* carnero cubierto de una lana muy fina.
4 *glauco:* verde claro.

Mas si trepáis a un cerro y veis el campo
desde los picos donde habita el águila,
son tornasoles de carmín y acero,
llanos plomizos, lomas plateadas,
circuidos por montes de violeta, 35
con las cumbres de nieve sonrosada.

IV

¡Las figuras del campo sobre el cielo!
Dos lentos bueyes aran
en un alcor, cuando el otoño empieza,
y entre las negras testas doblegadas 40
bajo el pesado yugo,
pende un cesto de juncos y retama,
que es la cuna de un niño;
y tras la yunta marcha
un hombre que se inclina hacia la tierra, 45
y una mujer que en las abiertas zanjas
arroja la semilla.
Bajo una nube de carmín y llama,
en el oro fluido y verdinoso
del poniente, las sombras se agigantan. 50

V

La nieve. En el mesón al campo abierto
se ve el hogar donde la leña humea
y la olla al hervir borbollonea.
El cierzo[5] corre por el campo yerto,
alborotando en blancos torbellinos 55
la nieve silenciosa.

[5] *cierzo:* viento del norte.

La nieve sobre el campo y los caminos,
cayendo está como sobre una fosa.
Un viejo acurrucado tiembla y tose
cerca del fuego; su mechón de lana 60
la vieja hila, y una niña cose
verde ribete a su estameña grana.
Padres los viejos son de un arriero
que caminó sobre la blanca tierra,
y una noche perdió ruta y sendero, 65
y se enterró en las nieves de la sierra.
En torno al fuego hay un lugar vacío,
y en la frente del viejo, de hosco ceño,
como un tachón sombrío
—tal el golpe de un hacha sobre un leño—. 70
La vieja mira al campo, cual si oyera
pasos sobre la nieve. Nadie pasa.
Desierta la vecina carretera,
desierto el campo en torno de la casa.
La niña piensa que en los verdes prados 75
ha de correr con otras doncellitas
en los días azules y dorados,
cuando crecen las blancas margaritas.

VI

¡Soria fría, Soria pura,
cabeza de Extremadura, 80
con su castillo guerrero
arruinado, sobre el Duero;
con sus murallas roídas
y sus casas denegridas!

¡Muerta ciudad de señores 85
soldados o cazadores;
de portales con escudos
de cien linajes hidalgos,
y de famélicos galgos,
de galgos flacos y agudos, 90
que pululan
por las sórdidas callejas,
y a la media noche ululan,
cuando graznan las cornejas!

¡Soria fría! La campana 95
de la Audiencia da la una.
Soria, ciudad castellana
¡tan bella! bajo la luna.

VII

¡Colinas plateadas,
grises alcores[6], cárdenas roquedas 100
por donde traza el Duero
su curva de ballesta[7]
en torno a Soria, obscuros encinares,
ariscos pedregales, calvas sierras,
caminos blancos y álamos del río, 105
tardes de Soria, mística y guerrera,
hoy siento por vosotros, en el fondo
del corazón, tristeza,
tristeza que es amor! ¡Campos de Soria

[6] *alcores:* colinas.
[7] *ballesta:* arma antigua.

donde parece que las rocas sueñan, 110
conmigo vais! ¡Colinas plateadas,
grises alcores, cárdenas roquedas!...

VIII

He vuelto a ver los álamos dorados,
álamos del camino en la ribera
del Duero, entre San Polo y San Saturio, 115
tras las murallas viejas
de Soria —barbacana[8]
hacia Aragón, en castellana tierra.
Estos chopos del río, que acompañan
con el sonido de sus hojas secas 120
el son del agua, cuando el viento sopla,
tienen en sus cortezas
grabadas iniciales que son nombres
de enamorados, cifras que son fechas.
¡Álamos del amor que ayer tuvisteis 125
de ruiseñores vuestras ramas llenas;
álamos que seréis mañana liras
del viento perfumado en primavera;
álamos del amor cerca del agua
que corre y pasa y sueña, 130
álamos de las márgenes del Duero,
conmigo vais, mi corazón os lleva!

[8] *barbacana:* saetera o tronera.

IX

¡Oh, sí, conmigo vais, campos de Soria,
tardes tranquilas, montes de violeta,
alamedas del río, verde sueño 135
del suelo gris y de la parda tierra,
agria melancolía
de la ciudad decrépita,
me habéis llegado al alma,
¿o acaso estabais en el fondo de ella? 140
¡Gentes del alto llano numantino
que a Dios guardáis como cristianas viejas,
que el sol de España os llene
de alegría, de luz y de riqueza!

[35]

Proverbios

Dos proverbios seleccionados tienen como símbolo central el camino sin camino de la vida. Nuestro paso por la tierra apenas dejará huella, será, por tanto, como la estela en el mar.

XXIX

Caminante, son tus huellas
el camino, y nada más;
caminante, no hay camino,
se hace camino al andar.

Al andar se hace camino, 5
y al volver la vista atrás
se ve la senda que nunca
se ha de volver a pisar.
Caminante, no hay camino,
sino estelas en la mar. 10

XLIV

Todo pasa y todo queda,
pero lo nuestro es pasar,
pasar haciendo caminos,
caminos sobre la mar.

Juan Ramón Jiménez (1881-1958)

Juan Ramón Jiménez es, junto a Rubén Darío, el máximo renovador de la poesía en el siglo xx. Dedicó toda su vida a escribir y corregir su obra. Cultivó el Modernismo, la poesía pura y la poesía intelectiva o esencial. Inventó el verso libre, que tanta influencia iba a tener después en todos los poetas hasta la más reciente actualidad. Obtuvo el Premio Nobel en 1956.

Los dos poemas seleccionados pertenecen a su última época: la de la poesía intelectiva o esencial.

En el poema dedicado al álamo blanco, Juan Ramón canta la perfección del mundo, como había hecho Jorge Guillén. El espacio confunde las nociones de arriba y abajo debido a la armonía melodiosa del pájaro y del agua. Y en última instancia el universo es creado por el alma del poeta.

[36]

Álamo blanco

Arriba canta el pájaro
y abajo canta el agua.
(Arriba y abajo,
se me abre el alma).

¡Entre dos melodías, 5
la columna de plata!
Hoja, pájaro, estrella;
baja flor, raíz, agua.
¡Entre dos conmociones,
la columna de plata! 10
(¡Y tú, tronco ideal,
entre mi alma y mi alma!)

Mece a la estrella el trino,
la onda a la flor baja.
(Abajo y arriba, 15
me tiembla el alma).

Y en esa misma línea de creación poética se mueve y se organiza el maravilloso poema «El nombre conseguido de los nombres». Para cualquier persona religiosa Dios es el creador del hombre. Pero Juan Ramón invierte los términos: Es el poeta el que tiene necesidad de un dios, aunque éste sea con minúscula, el dios de Juan Ramón es la palabra llena de poder y de esperanza. En definitiva, la belleza humanada.

[37]

El nombre conseguido de los nombres

Si yo, por ti, he creado un mundo para ti,
dios, tú tenías seguro que venir a él,
y tú has venido a él, a mí seguro,
porque mi mundo todo era mi esperanza.

Yo he acumulado mi esperanza 5
en lengua, en nombre hablado, en nombre escrito;
a todo yo le había puesto nombre
y tú has tomado el puesto
de toda esta nombradía.

Ahora puedo yo detener ya mi movimiento, 10
como la llama se detiene en ascua roja
con resplandor de aire inflamado azul,
en el ascua de mi perpetuo estar y ser;
ahora yo soy ya mi mar paralizado,
el mar que yo decía, mas no duro, 15

paralizado en olas de conciencia en luz
y vivas hacia arriba todas, hacia arriba.

Todos los nombres que yo puse
al universo que por ti me recreaba yo,
se me están convirtiendo en uno y en un 20
dios.

El dios que es siempre al fin,
el dios creado y recreado y recreado
por gracia y sin esfuerzo.
El Dios. El nombre conseguido de los nombres. 25

Pedro Salinas (1891-1951)

Pedro Salinas es junto a Vicente Aleixandre el mejor poeta del amor en el siglo XX. Se distinguen tres etapas en su poetizar: una primera caracterizada por la combinación de la poesía pura y las vanguardias, en la que exalta el deporte y los hallazgos de la técnica, de aquí que pueda «feminizar» a una bombilla eléctrica, a su máquina de escribir e, incluso, a la calefacción central. En la segunda etapa es donde Salinas da lo mejor de su ser; tres libros constituyen su aportación al amor: *La voz a ti debida, Razón de amor* y *Lamento.* La tercera canta al mar de San Juan de Puerto Rico y denuncia los estragos de la bomba atómica.

El poema siguiente, incluido en el libro *Presagios* (1923) anticipa en diez años la idealización del amor, llevada a cabo en *La voz a ti debida*. La sencillez y la transparencia del alma de la amada la vuelven, paradójicamente, inaccesible: el poeta se queda sentado junto al alma que ama, porque va buscando una puerta de entrada que no existe. Esto es, lo transparente está abierto, no encerrado en límites.

[38]

El alma tenías

El alma tenías
tan clara y abierta,
que yo nunca pude
entrarme en tu alma.
Busqué los atajos 5
angostos, los pasos
altos y difíciles...
A tu alma se iba
por caminos anchos.
Preparé alta escala 10
—soñaba altos muros
guardándote el alma—
pero el alma tuya
estaba sin guarda
de tapial ni cerca. 15
Te busqué la puerta
estrecha del alma,
pero no tenía,

de franca que era,
entradas tu alma. 20
¿En dónde empezaba?
¿Acababa, en dónde?
Me quedé por siempre
sentado en las vagas
lindes de tu alma. 25

Jorge Guillén (1893-1984)

Jorge Guillén es el mejor representante de la poesía pura, corriente que inició Juan Ramón Jiménez. Toda la producción poética de Guillén queda englobada bajo el título *Aire nuestro.*

Cántico recoge su primera época poética, la más valiosa. El poeta, en contra de lo habitual, considera que el mundo está bien hecho, por lo que la poesía es un canto, un himno de acción de gracias. A partir de 1950, la poesía guilleniana se oscurece, por lo que *Clamor* da entrada a las circunstancias dramáticas del vivir.

El poema «Más allá» es una buena síntesis de la cosmovisión optimista del poeta. Al abrir los ojos, la luz choca con ellos y se organiza nuevamente la realidad del mundo sensible. Jorge Guillén atiende, con precisión y variedad, a las sensaciones visuales, auditivas, táctiles y cenestésicas. Lo abstracto se hace concreto y palpable. El tiempo se condensa y se ensancha en felicidad: «Todo está concentrado / por siglos de raíz / dentro de este minuto, / eterno y para mí».

Jorge Guillén se sitúa en el polo opuesto de Quevedo, quien exclamaba: «soy un fue, y un será, y un es cansado». El autor de *Cántico* afirma: «voy salvando el presente, / eternidad en vilo».

[39]

Más allá

I

(El alma vuelve al cuerpo,
se dirige a los ojos
y choca). —¡Luz! Me invade
todo mi ser. ¡Asombro!

Intacto aún, enorme, 5
rodea el tiempo... Ruidos
irrumpen. ¡Cómo saltan
sobre los amarillos

todavía no agudos
de un sol hecho ternura 10
de rayo alboreado
para estancia difusa,

mientras van presentándose
todas las consistencias
que al disponerse en cosas 15
me limitan, me centran!

¿Hubo un caos? Muy lejos
de su origen, me brinda
por entre hervor de luz
frescura en chispas. ¡Día! 20

Una seguridad
se extiende, cunde, manda.
El esplendor aploma
la insinuada mañana.

Y la mañana pesa, 25
vibra sobre mis ojos,
que volverán a ver
lo extraordinario: todo.

Todo está concentrado
por siglos de raíz 30
dentro de este minuto,
eterno y para mí.

Y sobre los instantes
que pasan de continuo
voy salvando el presente, 35
eternidad en vilo.

Corre la sangre, corre
con fatal avidez.
A ciegas acumulo
destino: quiero ser. 40

Ser, nada más. Y basta.
Es la absoluta dicha.
¡Con la esencia en silencio
tanto se identifica!

¡Al azar de las suertes 45
únicas de un tropel
surgir entre los siglos,
alzarse con el ser,

y a la fuerza fundirse
con la sonoridad 50
más tenaz: sí, sí, sí,
la palabra del mar!

Todo me comunica,
vencedor, hecho mundo,
su brío para ser 55
de veras real, en triunfo.

Soy, más, estoy. Respiro.
Lo profundo es el aire.
La realidad me inventa,
soy su leyenda. ¡Salve! 60

II

No, no sueño. Vigor
de creación concluye
su paraíso aquí:
penumbra de costumbre.

Y este ser implacable 65
que se me impone ahora
de nuevo —vaguedad
resolviéndose en forma

de variación de almohada,
en blancura de lienzo, 70
en mano sobre embozo,
en el tendido cuerpo

que aun recuerda los astros
y gravita bien— este
ser, avasallador 75
universal, mantiene

también su plenitud
en lo desconocido:
un más allá de veras
misterioso, realísimo. 80

III

¡Más allá! Cerca a veces,
muy cerca, familiar,
alude a unos enigmas.
Corteses, ahí están.

Irreducibles, pero 85
largos, anchos, profundos
enigmas —en sus masas.
Yo los toco, los uso.

Hacia mi compañía
la habitación converge. 90
¡Qué de objetos! Nombrados,
se allanan a la mente.

Enigmas son y aquí
viven para mi ayuda,
amables a través 95
de cuanto me circunda

sin cesar con la móvil
trabazón de unos vínculos
que a cada instante acaban
de cerrar su equilibrio. 100

IV

El balcón, los cristales,
unos libros, la mesa.
¿Nada más esto? Sí,
maravillas concretas.

Material jubiloso 105
convierte en superficie
manifiesta a sus átomos
tristes, siempre invisibles.

Y por un filo escueto,
o el amor de una curva 110
de asa, la energía
de plenitud actúa.

¡Energía o su gloria!
En mi dominio luce
sin escándalo dentro 115
de lo tan real, hoy lunes.

Y ágil, humildemente,
la materia apercibe
gracia de Aparición:
esto es cal, esto es mimbre. 120

V

Por aquella pared,
bajo un sol que derrama,
dora y sombrea claros
caldeados, la calma

soleada varía. 125
Sonreído va el sol
por la pared. ¡Gozosa
materia en relación!

Y mientras, lo más alto
de un árbol —hoja a hoja 130
soleándose, dándose,
todo actual— me enamora.

Errante en el verdor
un aroma presiento,
que me regalará 135
su calidad: lo ajeno,

lo tan ajeno que es
allá en sí mismo. ¡Dádiva
de un mundo irremplazable:
voy por él a mi alma! 140

VI

¡Oh perfección: dependo
del total más allá,
dependo de las cosas!
¡Sin mí son y ya están

proponiendo un volumen 145
que ni soñó la mano,
feliz de resolver
una sorpresa en acto!

¡Dependo en alegría
de un cristal de balcón, 150
de ese lustre que ofrece
lo ansiado a su raptor,

y es de veras atmósfera
diáfana de mañana,
un alero, tejados, 155
nubes allí, distancias!

Suena a orilla de abril
el gorjeo esparcido
por entre los follajes
frágiles. (Hay rocío). 160

Pero el día al fin logra
rotundidad humana
de edificio y refiere
su fuerza a mi morada.

Así va concertando, 165
trayendo lejanías,
que al balcón por países
de tránsito deslizan.

Nunca separa el cielo.
Ese cielo de ahora 170
—aire que yo respiro—
de planeta me colma.

¿Dónde extraviarse, dónde?
Mi centro es este punto:
cualquiera. ¡Tan plenario 175
siempre me aguarda el mundo!

Una tranquilidad
de afirmación constante
guía a todos los seres,
que entre tantos enlaces 180

universales, presos
en la jornada eterna,
bajo el sol quieren ser
y a su querer se entregan

fatalmente, dichosos 185
con la tierra y el mar
de alzarse a lo infinito:
un rayo de sol más.

Es la luz del primer
vergel, y aun fulge aquí, 190
ante mi faz, sobre esa
flor, en ese jardín.

Y con empuje henchido
de afluencias amantes
se ahínca en el sagrado 195
presente perdurable

toda la creación,
que al despertarse un hombre
lanza la soledad
a un tumulto de acordes. 200

Gerardo Diego (1896-1987)

Gerardo Diego es un maestro en el ritmo y en la imaginería poética. Su poesía oscila entre dos tendencias contrapuestas: una tradicional y otra vanguardista. Diego incorpora a su poetizar el romance y el soneto, que él sabe dotar de un acento propio, inconfundible. Su forma vanguardista sigue las huellas de Vicente Huidobro, el representante más destacado del creacionismo. Para Huidobro la poesía debe crear objetos, no limitarse a seleccionar palabras: «No cantes a la rosa, poeta: hazla florecer en el poema».

El «Romance del Duero» ilustra muy bien la tendencia tradicional de Gerardo Diego. El ideal del poeta es cantar siempre los mismos sentimientos, pero de una forma variada; como hace el río con sus aguas.

[40]

Romance del Duero

Río Duero, río Duero,
nadie a acompañarte baja,
nadie se detiene a oír
tu eterna estrofa de agua.

Indiferente o cobarde 5
la ciudad vuelve la espalda.
No quiere ver en tu espejo
su muralla desdentada.

Tú, viejo Duero, sonríes
entre tus barbas de plata, 10
moliendo con tus romances
las cosechas mal logradas.

Y entre los santos de piedra
y los álamos de magia
pasas llevando en tus ondas 15
palabras de amor, palabras.

Quién pudiera como tú,
a la vez quieto y en marcha,
cantar siempre el mismo verso
pero con distinta agua. 20

Río Duero, río Duero,
nadie a estar contigo baja,
ya nadie quiere atender
tu eterna estrofa olvidada,

sino los enamorados 25
que preguntan por sus almas
y siembran en tus espumas
palabras de amor, palabras.

Federico García Lorca (1898-1936)

Federico García Lorca es el poeta español de mayor fama en el mundo. Su bárbaro asesinato en 1936 a manos de los fascistas contribuyó a cimentar su leyenda de mártir de la libertad y le facilitó el reconocimiento internacional.

Su poesía obedece a dos tendencias estilísticas muy diferentes: la neopopular de *Cante jondo* y del *Romancero gitano,* y la surrealista de *Poeta en Nueva York.*

El *Romancero gitano* vivifica con savia imaginativa nueva la vieja estrofa del romance medieval. El protagonista del libro es el gitano, quien por vivir al margen del orden social (que en 1927 se consideraba artificial y convencional) ejemplifica la inocencia, el desvalimiento.

En el «Romance de la luna, luna» hay un diálogo fantasmal entre un niño y la luna, que simboliza la muerte. La luna realiza ante el niño un ritmo provocador de baile. Los gitanos lloran la pérdida del niño, aunque éste aparece, más que perdido, salvado en el más allá.

[41]

Romance de la luna, luna

A Conchita García Lorca

La luna vino a la fragua[1]
con su polisón[2] de nardos.
El niño la mira, mira.
El niño la está mirando.

En el aire conmovido 5
mueve la luna sus brazos
y enseña, lúbrica[3] y pura,
sus senos de duro estaño.

Huye luna, luna, luna.
Si vinieran los gitanos, 10
harían con tu corazón
collares y anillos blancos.

---

[1] *fragua:* lugar donde se forjan los metales.
[2] *polisón:* armazón que abultaba antiguamente los vestidos femeninos.
[3] *lúbrica:* lujuriosa, sensual.

Niño, déjame que baile.
Cuando vengan los gitanos,
te encontrarán sobre el yunque[4] 15
con los ojillos cerrados.

Huye luna, luna, luna,
que ya siento sus caballos.

Niño, déjame, no pises
mi blancor almidonado. 20

El jinete se acercaba
tocando el tambor del llano.
Dentro de la fragua el niño,
tiene los ojos cerrados.

Por el olivar venían, 25
bronce y sueño, los gitanos.
Las cabezas levantadas
y los ojos entornados.

Cómo canta la zumaya[5],
¡ay, cómo canta en el árbol! 30
Por el cielo va la luna
con un niño de la mano.

---

[4] *yunque:* prisma sobre el que se trabajan los metales.
[5] *zumaya:* ave nocturna que actúa aquí como símbolo de muerte.

Dentro de la fragua lloran,
dando gritos, los gitanos.
El aire la vela, vela. 35
El aire la está velando.

El poema «Ciudad sin sueño» nos presenta, en acertada técnica surrealista, el insomnio de Nueva York. El clima poético es el de una pesadilla: nadie duerme en el cielo ni en el mundo; pero si a alguien se le ocurre cerrar los ojos, hay que azotarlo, porque la vida es injusta y cruel y no se admiten el reposo ni el sueño. Como maldición y como profecía se anuncia la rebelión de lo animal contra la civilización humana.

[42]

Ciudad sin sueño
(Nocturno de Brooklyn Bridge)

No duerme nadie por el cielo. Nadie, nadie.
No duerme nadie.
Las criaturas de la luna huelen y rondan sus cabañas.
Vendrán las iguanas vivas a morder a los hombres que no sueñan
y el que huye con el corazón roto encontrará por las esquinas 5
al increíble cocodrilo quieto bajo la tierna protesta de los astros.

No duerme nadie por el mundo. Nadie, nadie.
No duerme nadie.
Hay un muerto en el cementerio más lejano
que se queja tres años 10
porque tiene un paisaje seco en la rodilla;

y el niño que enterraron esta mañana lloraba tanto
que hubo necesidad de llamar a los perros para que callase.

No es sueño la vida. ¡Alerta! ¡Alerta! ¡Alerta!
Nos caemos por las escaleras para comer la tierra húmeda 15
o subimos al filo de la nieve con el coro de las dalias muertas.
Pero no hay olvido, ni sueño:
carne viva. Los besos atan las bocas
en una maraña de venas recientes
y al que le duele su dolor le dolerá sin descanso 20
y al que teme la muerte la llevará sobre los hombros.

Un día
los caballos vivirán en las tabernas
y las hormigas furiosas
atacarán los cielos amarillos que se refugian en los ojos de las
[vacas. 25

Otro día
veremos la resurrección de las mariposas disecadas
y aún andando por un paisaje de esponjas grises y barcos
[mudos
veremos brillar nuestro anillo y manar rosas de nuestra lengua.

¡Alerta! ¡Alerta! ¡Alerta! 30
A los que guardan todavía huellas de zarpa y aguacero,
a aquel muchacho que llora porque no sabe la invención del
[puente
o a aquel muerto que ya no tiene más que la cabeza y un
[zapato,
hay que llevarlos al muro donde iguanas y sierpes esperan,
donde espera la dentadura del oso, 35

donde espera la mano momificada del niño
y la piel del camello se eriza con un violento escalofrío azul.

No duerme nadie por el cielo. Nadie, nadie.
No duerme nadie.
Pero si alguien cierra los ojos, 40
¡azotadlo, hijos míos, azotadlo!
Hay un panorama de ojos abiertos
y amargas llagas encendidas.
No duerme nadie por el mundo. Nadie, nadie.
Ya lo he dicho. 45
No duerme nadie.
Pero si alguien tiene por la noche exceso de musgo en las
[sienes,
abrid los escotillones para que vea bajo la luna
las copas falsas, el veneno y la calavera de los teatros.

Dámaso Alonso (1898-1990)

Dámaso Alonso se distingue por su labor de crítico literario (él introdujo la estilística en España), por su investigación lingüística y por su concepción personal de la poesía: esteticista al comienzo y desgarrada en *Hijos de la ira* (1944), libro al que pertenece el poema «Insomnio».

La posguerra española queda delimitada, poéticamente, por dos tendencias contrapuestas: la poesía arraigada, de influjo garcilasista, y la desarraigada, de corte existencial, o de denuncia de las injusticias sociales.

En el poema «Insomnio», Dámaso Alonso presenta el mundo poblado de cadáveres; es decir, de hombres que viven sólo en apariencia, porque están muertos a la ilusión y a la esperanza. Este diagnóstico existencial le viene dado por la experiencia atroz de la Guerra Civil española y de la Segunda Guerra Mundial, que no había finalizado aún. Y el poeta clama contra Dios por querer o permitir tanto crimen.

Particularmente sugestivo es el arranque poético de tono falsamente periodístico. Y de la afirmación estadística del millón y pico de cadáveres que formaban entonces la población de Madrid, extrae el poeta intensos símbolos de muerte que potencian el caos del vivir.

[43]

Insomnio

Madrid es una ciudad de más de un millón de cadáveres (según las últimas estadísticas).
A veces en la noche yo me revuelvo y me incorporo en este nicho en el que hace 45 años que me pudro,
y paso largas horas oyendo gemir al huracán, o ladrar los perros, o fluir blandamente la luz de la luna.
Y paso largas horas gimiendo como el huracán, ladrando como un perro enfurecido, fluyendo como la leche de la ubre caliente de una gran vaca amarilla.
Y paso largas horas preguntándole a Dios, preguntándole por qué se pudre lentamente mi alma,
por qué se pudren más de un millón de cadáveres en esta ciudad de Madrid,
por qué mil millones de cadáveres se pudren lentamente en el mundo.

Dime, ¿qué huerto quieres abonar con nuestra podredumbre?
¿Temes que se te sequen los grandes rosales del día,
las tristes azucenas letales de tus noches?

Vicente Aleixandre (1898-1984)

Una enfermedad, que durante tiempo le obligó a seguir un reposo severo, cambió el destino de Vicente Aleixandre haciéndole poeta. Su trayectoria poética, que fue premiada con el Nobel de Literatura en 1977, es una de las más originales del siglo XX español.

El poeta pasa por tres fases estilísticas bien pensadas y resueltas: el surrealismo, que da un papel estelar al mundo de los sueños y del inconsciente; el realismo, que bucea en las distintas etapas de la vida: niñez, madurez, vejez, y que eleva a la materia a primera categoría poética, y una tercera de tipo sentencioso y filosófico, con abundantes paradojas.

El poema «Se querían» pertenece al libro *La destrucción o el amor* (Premio Nacional de Literatura, 1935) incluido en la etapa surrealista. Los amantes se aman en las noches con la atracción dolorosa que siente la flor por su espina, y con la dureza de las piedras y de los huesos. Por la mañana, se crecen en la playa y, desafiando las leyes de la gravitación, flotan sobre el mar y el cielo. Y al final del poema dominan la creación entera en una enumeración caótica de amplio vuelo.

[44]

Se querían

Se querían.
Sufrían por la luz, labios azules en la madrugada,
labios saliendo de la noche dura,
labios partidos, sangre, ¿sangre dónde?
Se querían en un lecho navío, mitad noche, mitad luz. 5
Se querían como las flores a las espinas hondas,
a esa amorosa gema del amarillo nuevo,
cuando los rostros giran melancólicamente,
giralunas que brillan recibiendo aquel beso.
Se querían de noche, cuando los perros hondos 10
laten bajo la tierra y los valles se estiran
como lomos arcaicos que se sienten repasados:
caricia, seda, mano, luna que llega y toca.
Se querían de amor entre la madrugada,
entre las duras piedras cerradas de la noche, 15
duras como los cuerpos helados por las horas,
duras como los besos de diente a diente sólo.

Se querían de día, playa que va creciendo,
ondas que por los pies acarician los muslos,
cuerpos que se levantan de la tierra y flotando... 20
se querían de día, sobre el mar, bajo el cielo.

Mediodía perfecto, se querían tan íntimos,
mar altísimo y joven, intimidad extensa,
soledad de lo vivo, horizontes remotos
ligados como cuerpos en soledad cantando. 25
Amando. Se querían como la luna lúcida,
como ese mar redondo que se aplica a ese rostro,
dulce eclipse de agua, mejilla oscurecida,
donde los peces rojos van y vienen sin música.
Día, noche, ponientes, madrugadas, espacios, 30
ondas nuevas, antiguas, fugitivas, perpetuas,
mar o tierra, navío, lecho, pluma, cristal,
metal, música, labio, silencio, vegetal,
mundo, quietud, su forma. Se querían, sabedlo.

Rafael Alberti (1902-1999)

La vocación primera de Rafael Alberti fue la pintura; pero una enfermedad pulmonar y su obligado reposo le orientaron hacia la poesía (como también sucedería con otro gran poeta de la generación del 27: Vicente Aleixandre).

Su obra poética evoluciona desde el neopopularismo de su primer libro *Marinero en tierra,* al surrealismo de *Sobre los ángeles* y la poesía comprometida de *El poeta en la calle* o *Entre el clavel y la espada.*

En el poema «Si mi voz muriera en tierra», perteneciente a *Marinero en tierra,* el poeta expresa su nostalgia del mar desde Madrid. Son versos sencillos y llenos de musicalidad que, fácilmente, podría hacer suyos el pueblo como pasó con los romances o la lírica tradicional en la Edad Media.

[45]

Si mi voz muriera en tierra

Si mi voz muriera en tierra
llevadla al nivel del mar
y dejadla en la ribera.

Llevadla al nivel del mar
y nombradla capitana 5
de un blanco bajel de guerra.

¡Oh mi voz condecorada
con la insignia marinera:
sobre el corazón un ancla
y sobre el ancla una estrella 10
y sobre la estrella el viento
y sobre el viento la vela!

Luis Cernuda (1902-1963)

Toda la obra poética de Luis Cernuda se agrupa bajo el título, altamente sugestivo, de *La realidad y el deseo.* Y, en efecto, ¿qué vida o qué obra no responde a esas dos fuerzas contrapuestas?

La evolución de Cernuda es amplia y constante: comienza por la poesía pura, sigue luego con el surrealismo, y desemboca en una poesía comprometida con la sociedad y la historia.

En el poema «Donde habite el olvido» (título tomado de un verso de Bécquer), Luis Cernuda anhela disolverse en la niebla del anonimato y la ignorancia, porque le duele su condición humana de ser deseante y, tantas veces, no deseado. El lenguaje que usa es directo y de tono confidencial. Naturalmente siempre habrá algún símbolo que dará belleza y trascendencia a lo expresado; como, por ejemplo, esos «vastos jardines sin aurora» que equivalen a la muerte.

[46]

Donde habite el olvido

Donde habite el olvido,
en los vastos jardines sin aurora;
donde yo sólo sea
memoria de una piedra sepultada entre ortigas
sobre la cual el viento escapa a sus insomnios. 5

Donde mi nombre deje
al cuerpo que designa en brazos de los siglos,
donde el deseo no exista.

En esa gran región donde el amor, ángel terrible,
no esconda como acero 10
en mi pecho su ala,
sonriendo lleno de gracia aérea mientras crece el tormento.

Allí donde termine este afán que exige un dueño a imagen suya,
sometiendo a otra vida su vida,
sin más horizonte que otros ojos frente a frente. 15

Donde penas y dichas no sean más que nombres,
cielo y tierra nativos en torno de un recuerdo;
donde al fin quede libre sin saberlo yo mismo,
disuelto en niebla, ausencia,
ausencia leve como carne de niño. 20

Allá, allá lejos;
donde habite el olvido.

Miguel Hernández (1910-1942)

La poesía de Miguel Hernández evoluciona desde un gongorismo experimental en *Perito en lunas* hasta la desgarradora experiencia de la guerra, de la que será víctima inocente; un poema de esa época es las «Nanas de la cebolla», muy conocido por haber sido cantado por Joan Manuel Serrat y por Alberto Cortez. Y en el centro de ambas actitudes, la plenitud lírica y pasional de *El rayo que no cesa.*

A *El rayo que no cesa* pertenece la escalofriante elegía a la muerte de su amigo entrañable Ramón Sijé. El poema está lleno de metáforas, hipérboles, símbolos, etc. Recursos que intensifican la tragedia de la ausencia que el poeta se niega a pensar como definitiva. Por eso al final de la composición anima al amigo muerto a regresar de la muerte porque la comunicación quedó interrumpida antes de tiempo: «A las aladas almas de las rosas / del almendro de nata te requiero, / que tenemos que hablar de muchas cosas, / compañero del alma, compañero».

[47]

Elegía a Ramón Sijé

(En Orihuela, su pueblo y el mío, se me ha muerto como del rayo Ramón Sijé, con quien tanto quería).

Yo quiero ser llorando el hortelano
de la tierra que ocupas y estercolas,
compañero del alma, tan temprano.

Alimentando lluvias, caracolas
y órganos mi dolor sin instrumento, 5
a las desalentadas amapolas

daré tu corazón por alimento.
Tanto dolor se agrupa en mi costado,
que por doler me duele hasta el aliento.

Un manotazo duro, un golpe helado, 10
un hachazo invisible y homicida,
un empujón brutal te ha derribado.

No hay extensión más grande que mi herida,
lloro mi desventura y sus conjuntos
y siento más tu muerte que mi vida. 15

Ando sobre rastrojos de difuntos,
y sin calor de nadie y sin consuelo
voy de mi corazón a mis asuntos.

Temprano levantó la muerte el vuelo,
temprano madrugó la madrugada, 20
temprano estás rodando por el suelo.

No perdono a la muerte enamorada,
no perdono a la vida desatenta,
no perdono a la tierra ni a la nada.

En mis manos levanto una tormenta 25
de piedras, rayos y hachas estridentes
sedienta de catástrofes y hambrienta.

Quiero escarbar la tierra con los dientes,
quiero apartar la tierra parte a parte
a dentelladas secas y calientes. 30

Quiero minar la tierra hasta encontrarte
y besarte la noble calavera
y desamordazarte y regresarte.

Volverás a mi huerto y a mi higuera:
por los altos andamios de las flores 35
pajareará tu alma colmenera

de angelicales ceras y labores.
Volverás al arrullo de las rejas
de los enamorados labradores.

Alegrarás la sombra de mis cejas, 40
y tu sangre se irán a cada lado
disputando tu novia y las abejas.

Tu corazón, ya terciopelo ajado,
llama a un campo de almendras espumosas
mi avariciosa voz de enamorado. 45

A las aladas almas de las rosas
del almendro de nata te requiero,
que tenemos que hablar de muchas cosas,
compañero del alma, compañero.

Gabriel Celaya (1911-1991)

Gabriel Celaya es el prototipo de la poesía social de los años 50. En contra del garcilasismo de los años 40, que se recreaba en la belleza formal del verso y en la exaltación religiosa, Celaya concibe la palabra poética como una herramienta de trabajo que pretende abrir la conciencia del lector.

El siguiente poema es tan claro que apenas necesita comentarse. Celaya maldice la poesía entendida como un lujo, como adorno adormecedor. Y propone combatir con la palabra las injusticias de la dictadura. La intención es digna de alabanza, pero el resultado no lo es tanto. De todos modos, ojalá fuera cierta su afirmación central: la poesía es «arma cargada de futuro expansivo».

[48]

La poesía es un arma cargada de futuro

Cuando ya nada se espera personalmente exaltante,
mas se palpita y se sigue más acá de la conciencia,
fieramente existiendo, ciegamente afirmando,
como un pulso que golpea las tinieblas,

cuando se miran de frente 5
los vertiginosos ojos claros de la muerte,
se dicen las verdades:
las bárbaras, terribles, amorosas crueldades.

Se dicen los poemas
que ensanchan los pulmones de cuantos, asfixiados, 10
piden ser, piden ritmo,
piden ley para aquello que sienten excesivo.

Con la velocidad del instinto,
con el rayo del prodigio,
como mágica evidencia, lo real se nos convierte 15
en lo idéntico a sí mismo.

Poesía para el pobre, poesía necesaria
como el pan de cada día,
como el aire que exigimos trece veces por minuto,
para ser y en tanto somos dar un sí que glorifica. 20

Porque vivimos a golpes, porque apenas si nos dejan
decir que somos quien somos,
nuestros cantares no pueden ser sin pecado un adorno.
Estamos tocando el fondo.

Maldigo la poesía concebida como un lujo 25
cultural por los neutrales
que, lavándose las manos, se desentienden y evaden.
Maldigo la poesía de quien no toma partido hasta mancharse.

Hago mías las faltas. Siento en mí a cuantos sufren
y canto respirando. 30
Canto, y canto, y cantando más allá de mis penas
personales, me ensancho.

Quisiera daros vida, provocar nuevos actos,
y calculo por eso con técnica, qué puedo.
Me siento un ingeniero del verso y un obrero 35
que trabaja con otros a España en sus aceros.

Tal es mi poesía: poesía-herramienta
a la vez que latido de lo unánime y ciego.
Tal es, arma cargada de futuro expansivo
con que te apunto al pecho. 40

No es una poesía gota a gota pensada.
No es un bello producto. No es un fruto perfecto.
Es algo como el aire que todos respiramos
y es el canto que espacia cuanto dentro llevamos.

Son palabras que todos repetimos sintiendo 45
como nuestras, y vuelan. Son más que lo mentado.
Son lo más necesario: lo que tiene nombre.
Son gritos en el cielo, y en la tierra, son actos.

Blas de Otero (1916-1979)

La primera época de la poesía de Blas de Otero se caracteriza por el hambre de Dios, cuyo silencio amarga la vida del poeta. A través de la amada quiere convocar también al ser divino, pero después del amor solo suena la soledad de dos.

La segunda época se caracteriza por la conciencia de las injusticias sociales y por el tema de España.

Otero es un profundo renovador del lenguaje poético a todos los niveles. Un rasgo que le da, paradójicamente, originalidad es la llamada intertextualidad; esto es, fundir con sus propios versos otros versos o frases tomados de otros escritores.

El siguiente poema es una breve síntesis del poder compensador de la palabra frente a todas las limitaciones de la vida. El estribillo «me queda la palabra» va ganando en intensidad expresiva a medida que vamos viendo la sed insatisfecha, el tiempo malgastado e incluso el desgarrarse de los labios para pronunciar el verdadero nombre de su patria. Para comprender en todo su alcance el alegato de Blas de Otero hay que saber que la censura franquista prohibió su libro *Pido la paz y la palabra.*

[49]

En el principio

Si he perdido la vida, el tiempo, todo
lo que tiré, como un anillo, al agua,
si he perdido la voz en la maleza,
me queda la palabra.

Si he sufrido la sed, el hambre, todo 5
lo que era mío y resultó ser nada,
si he segado las sombras en silencio,
me queda la palabra.

Si abrí los labios para ver el rostro
puro y terrible de mi patria, 10
si abrí los labios hasta desgarrármelos,
me queda la palabra.

Ángel González (1925-2008)

Ángel González pertenece al grupo de los 50. Su poesía se caracteriza por un realismo social que, aunque no descuida los aspectos formales del verso, los disfraza de espontaneidad; de ahí el predominio de un lenguaje directo y coloquial. Su pensamiento poético podría resumirse con el título de uno de sus libros: *Sin esperanza, con convencimiento.*

El poema «Para que yo me llame Ángel González» traza un itinerario milenario de cuerpos y más cuerpos sucediéndose. Pero esta peregrinación por otros seres no la entiende el poeta como progreso perfeccionador de su ser, antes al contrario, él se siente como un resto inútil: «El éxito / de todos los fracasos. La enloquecida / fuerza del desaliento».

El hecho de que el nombre propio irrumpa en el poema le da un fuerte aspecto de naturalidad y de autenticidad; aunque el recurso se dé ya en Unamuno, en Dámaso Alonso, en Blas de Otero y en José Hierro.

[50]

Para que yo me llame Ángel González

Para que yo me llame Ángel González,
para que mi ser pese sobre el suelo,
fue necesario un ancho espacio
y un largo tiempo:
hombres de todo mar y toda tierra, 5
fértiles vientres de mujer, y cuerpos
y más cuerpos, fundiéndose incesantes
en otro cuerpo nuevo.
Solsticios y equinoccios alumbraron
con su cambiante luz, su vario cielo, 10
el viaje milenario de mi carne
trepando por los siglos y los huesos.
De su pasaje lento y doloroso
de su huida hasta el fin, sobreviviendo

naufragios, aferrándose 15
al último suspiro de los muertos,
yo no soy más que el resultado, el fruto,
lo que queda, podrido, entre los restos;
esto que veis aquí,
tan sólo esto: 20
un escombro tenaz, que se resiste
a su ruina, que lucha contra el viento,
que avanza por caminos que no llevan
a ningún sitio. El éxito
de todos los fracasos. La enloquecida 25
fuerza del desaliento...

José María Valverde (1926-1996)

Su producción poética tiene como eje engendrador a la figura de Dios. Un Dios que no es el incognoscible de Blas de Otero ni de Dámaso Alonso; pero que tampoco es un Dios que justifique la evasión de los problemas sociales, como sucede en la poesía de García Nieto o de Luis Felipe Vivanco.

El poema titulado «En el principio» nos presenta a la palabra como un ser vivo; o mejor dicho, como lo que de verdad constituye el ser del propio poeta. Así pues, la palabra no es un juguete o un instrumento del que nos valemos para comunicarnos; la palabra es un territorio que hay que habitar y un retrato que hay que construir y merecer.

[51]

En el principio

De pronto arranca la memoria,
sin fondos de origen perdido:
muy niño, viéndome una tarde
en el espejo de un armario,
con doble luz enajenada 5
por el iris de sus biseles,
decidí que aquello lo había
de recordar, y lo aferré,
y desde ahí empieza mi mundo,
con un piso destartalado, 10
las vagas personas mayores
y los miedos en el pasillo.
Años y años pasaron luego
y al mirar atrás, allá estaba
la escena en que, hombrecito audaz, 15
desembarqué en mí, conquistándome.

Hasta que un día, bruscamente,
vi que esa estampa inaugural

no se fundó porque una tarde
se hizo mágica en un espejo, 20
sino por un toque, más leve,
pero que era todo mi ser:
el haberme puesto a mí mismo
en el espejo del lenguaje,
doblando sobre sí el hablar, 25
diciéndome que lo diría,
para siempre vuelto palabra,
mía y ya extraña, aquel momento.
Pero cuando lo comprendí
era mayor, hombre de libros, 30
y acaso fue porque en alguno
leí la gran perogrullada:
que no hay más mente que el lenguaje,
y pensamos sólo al hablar,
y no queda más mundo vivo 35
tras las tierras de la palabra.
Hasta entonces, niño y muchacho,
creí que hablar era un juguete,
algo añadido, una herramienta,
un ropaje sobre las cosas, 40
un caballo con que correr
por el mundo, terrible y rico,
o un estorbo en que se aludía
a lo lejos, a ideas vagas:
ahora, de pronto, lo era todo, 45
igual que el ser de carne y hueso,
nuestra ración de realidad,
el mismo ser hombre, poco o mucho.

José Ángel Valente (1929-2000)

José Ángel Valente considera que la palabra poética tiene autonomía frente a la lengua corriente, la que usamos para comunicar nuestras necesidades o desahogar nuestros sentimientos. La palabra poética es un lugar nuevo, una habitación donde moran las emociones. Y reivindica Valente, hoy más que nunca, el papel de la poesía frente al utilitarismo empobrecedor de los lenguajes tecnológicos: el papel de la poesía es necesario porque aporta los principios de belleza, verdad y rectitud. Y además la palabra poética es un desafío a la muerte: «Mientras pueda decir / no moriré».

El poema que seguidamente podréis leer es un acabado ejemplo de la actitud frente a la palabra poética.

El poeta quisiera que su palabra fuera un objeto metálico, «resistente a la vista, odioso al tacto, / incómodo al oficio del injusto» para no acariciar los oídos del lector acomodaticio, sino para crear inquietud, rebeldía: conciencia. El verso resumidor del poema, «cuándo podremos poseer la tierra», sirve de cierre a cada estrofa y se repite tres veces al finalizar la composición. Esta repetición final suena sombría, violenta, desesperanzada.

[52]

El poema

Si no creamos un objeto metálico
de dura luz,
de púas aceradas,
de crueles aristas,
donde el que va a vendernos, a entregarnos, de pronto 5
reconozca o presencie metódica su muerte,
cuándo podremos poseer la tierra.

Si no depositamos a mitad del vacío
un objeto incruento
capaz de percutir en la noche terrible 10
como un pecho sin término,
si en el centro no está invulnerable el odio,
tentacular, enorme, no visible,
cuándo podremos poseer la tierra.

Y si no está el amor petrificado 15
y el residuo del fuego no pudiera
hacerlo arder, correr desde sí mismo, como semen o lava,
para arrasar el mundo, para entrar como un río
de vengativa luz por las puertas vedadas,
cuándo podremos poseer la tierra. 20
Si no creamos un objeto duro,
resistente a la vista, odioso al tacto,
incómodo al oficio del injusto,
interpuesto entre el llanto y la palabra,
entre el brazo del ángel y el cuerpo de la víctima, 25
entre el hombre y su rostro,
entre el nombre del dios y su vacío,
entre el filo y la espada,
entre la muerte y su naciente sombra,
cuándo podremos poseer la tierra, 30
cuándo podremos poseer la tierra,
cuándo podremos poseer la tierra.

Jaime Gil de Biedma (1929-1990)

Jaime Gil de Biedma pertenece al grupo de los 50 y, por tanto, al realismo social. Su estilo es sencillo y su lenguaje coloquial, siguiendo el camino abierto por Luis Cernuda. De posición acomodada, denuncia la falsedad y la hipocresía de la burguesía a la que pertenece.

En este poema Jaime Gil de Biedma habla de su experiencia infantil de la guerra. En contra de lo que se esperaría por la ideología del autor, la guerra no se presenta como la barbarie que fue, sino como un juego pintoresco, que venía a romper la monotonía de la vida normal. Porque para un niño la realidad no está hecha y, por tanto, carece de valores. Sorprende ya el arranque poético: «Fueron, posiblemente, / los años más felices de mi vida».

El niño Jaime Gil contempló los escenarios de la guerra —en las inmediaciones de Segovia— como un sueño de libertad. Resulta feroz y bella esta afirmación suya: «Mi amor por los inviernos mesetarios / es una consecuencia / de que hubiera en España casi un millón de muertos».

[53]

Intento formular mi experiencia de la guerra

Fueron, posiblemente,
los años más felices de mi vida,
y no es extraño, puesto que a fin de cuentas
no tenía los diez.

Las víctimas más tristes de la guerra 5
los niños son, se dice.
Pero también es cierto que es una bestia el niño:
si le perdona la brutalidad
de los mayores, él sabe aprovecharla,
y vive más que nadie 10
en ese mundo demasiado simple,
tan parecido al suyo.

Para empezar, la guerra
fue conocer los páramos con viento,
los sembrados de gleba pegajosa 15
y las tardes de azul, celestes y algo pálidas,
con los montes de nieve sonrosada a lo lejos.
Mi amor por los inviernos mesetarios
es una consecuencia
de que hubiera en España casi un millón de muertos. 20

A salvo en los pinares
—pinares de la Mesa, del Rosal, del Jinete—,
el miedo y el desorden de los primeros días
eran algo borroso, con esa irrealidad
de los momentos demasiado intensos. 25
Y Segovia parecía remota
como una gran ciudad, era ya casi el frente
—o por lo menos un lugar heroico,
un sitio con tenientes de brazo en cabestrillo
que nos emocionaba visitar: la guerra 30
quedaba allí al alcance de los niños
tal y como la quieren.
A la vuelta, de paso por el puente Uñés,
buscábamos la arena removida
donde estaban, sabíamos, los cinco fusilados. 35
Luego la lluvia los desenterró,
los llevó río abajo.

Y me acuerdo también de una excursión a Coca,
que era el pueblo de al lado,
una de esas mañanas que la luz 40
es aún, en el aire, relámpago de escarcha,
pero que anuncian ya la primavera.

Mi recuerdo, muy vago, es sólo una imagen,
una nítida imagen de la felicidad
retratada en un cielo 45
hacia el que se apresura la torre de la iglesia,
entre un nimbo de pájaros.
Y los mismos discursos, los gritos, las canciones
eran como promesas de otro tiempo mejor,
nos ofrecían 50
un billete de vuelta al siglo diez y seis.
¿Qué niño no lo acepta?

Cuando por fin volvimos
a Barcelona, me quedó unos meses
la nostalgia de aquello, pero me acostumbré. 55
Quien me conoce ahora
dirá que mi experiencia
nada tiene que ver con mis ideas,
y es verdad. Mis ideas de la guerra cambiaron
después, mucho después 60
de que hubiera empezado la postguerra.

María Victoria Atencia (1931)

María Victoria Atencia tiene una extensa e intensa producción poética. En su obra irrumpe con fuerza una voz de mujer, que es la síntesis de la mujer doméstica, tradicional, y de la mujer contemplativa y creadora. Estas dos formas de ver la vida están simbolizadas en Marta y María, las dos hermanas que acogieron a Jesús.

El poema «Placeta de San Marcos» pertenece al libro *El coleccionista.* En seis alejandrinos, el verso preferido por María Victoria Atencia, condensa una visión de sufrimiento místico (el martirio de San Sebastián) y el canto seductor de las sirenas que oyó y no olvidó Ulises. El escenario es una placita que surge entre la basílica de San Marcos de Venecia y los adornos de mármol rosa del palacio ducal. El símbolo de San Marcos es un león, cuyo rugido silencioso llena de misterio el cierre poemático.

[54]

Placeta de San Marcos

Amárrate, alma mía; sujétate a este mármol,
Sebastián de su tronco, con cuantas cintas pueda
ofrecerte en Venecia la lluvia que te empapa.

Amárrate a este palo, alma Ulises, y escucha
—desde donde la plaza proclama su equilibrio— 5
el rugido de bronce que la piedra sostiene.

Otros títulos de la colección

La fuerza de la sangre. El celoso extremeño
Miguel de Cervantes
Ed. M.ª Teresa Mateu

68 sonetos del Siglo de Oro
Varios autores
Ed. José Mas

Cinco relatos españoles del siglo XIX
Alarcón, Clarín, Galdós, Pardo Bazán,
Blasco Ibáñez
Ed. Fernando Cabanes Soriano

Nueve leyendas
Gustavo Adolfo Bécquer
Ed. M.ª Dolores Pedrós

Dafnis y Cloe
Longo
Ed. Carlos García Gual

El Mercader de Venecia
William Shakespeare
Ed. Rodrigo Fernández Carmona

El Caballero de Olmedo
Lope de Vega
Ed. Teresa Garbí

La Celestina
Fernando de Rojas
Ed. Elisa Hernández

La zapatera prodigiosa
Federico García Lorca
Ed. Paloma Pedrero

Cuentos fantásticos
Hoffmann, Gautier, Poe,
Maupassant, Pardo Bazán
Ed. Pilar Pedraza

Don Quijote de la Mancha (Selección)
Miguel de Cervantes
Ed. Fernando Romo Feito

Maribel y la extraña familia
Miguel Mihura
Ed. Ramón Acín

Verso y prosa (Antología)
Rubén Darío
Ed. Isabel Paraíso

La Odisea
Homero
Ed. Daniel Sarasola

Artículos
Mariano José de Larra
Ed. José Mas y Luis Floristán

Lazarillo de Tormes
Anónimo
Ed. Amparo Medina-Bocos

Rimas
Gustavo Adolfo Bécquer
Ed. F. Xavier Benedito

Antología (Verso y prosa)
Juan Ramón Jiménez
Ed. Esperanza Ortega

Antología poética
Manuel y Antonio Machado
Ed. Felipe Benítez Reyes

Divina Comedia (Selección)
Dante Alighieri
Ed. Luis Martínez de Merlo

Romancero tradicional y artístico
Varios autores
Ed. Elisa Martín

El alcalde de Zalamea
Pedro calderón de la Barca
Ed. Gabriel Mas

Don Juan Tenorio
José Zorrilla
Ed. María Teresa Mateu

Poema de Mio Cid
Anónimo
Ed. Espido Freire

Edipo rey
Sófocles
Ed. Jorge Cano Cuenca

Marianela
Benito Pérez Galdós
Ed. Elisa Hernández

El Conde Lucanor (Selección)
Don Juan Manuel
Ed. Elisa Martín

Antología de poesía española
Varios autores
Ed. José Mas

Retablo jovial
Alejandro Casona
Ed. Juan Carlos Herrán y Emilio J. Sales

Las aventuras de Sherlock Holmes
Arthur Conan Doyle
Ed. Israel Prado y M.ª Dolores Pérez Andrés